독일어 A2 필수어휘

WORTLISTE A2

# 안내

## 시작하기 전에

본 도서는 레벨에 꼭 맞는 어휘와 표현으로 A2 레벨에 핵심적인 어휘들을 모두 공부할 수 있습니다. 특히 테마별로 정리된 어휘 목록을 통해서 보다 체계적으로 학습할 수 있으며 예문 역시 A2레벨에 맞는 문장을 통해 보다 깊이있게 어휘를 이해하고 연습할 수 있습니다. 따라서 본 교재를 통해 공부하실 때, 모든 어휘는 필수 어휘이기 때문에 A2과정을 마치기 전 빠짐없이 암기하시고, 특히 어휘마다 제시된 문장들은 A2수준에 맞는 예제이므로 문장 안에서 어휘의 의미를 깊이 파악하시길 바랍니다. 더불어 제공된 오디오 음원을 통해 각 어휘 및 표현들의 발음을 잘 듣고 따라해주세요. 오디오 음원은 교재 뒷면 QR코드를 통해 들으실 수 있습니다.

## 범례

### 범례 1. 명사의 성을 명사 앞에 표기하였습니다.

독일어 명사는 각자 고유한 성별이 있습니다. 따라서 모든 명사는 명사의 성과 함께 공부해야 합니다. 명사의 성별은 관사로 확인할 수 있습니다. 이러한 이유로 명사는 모두 정관사와 함께 기재하였습니다.

남성: **der** Name / 중성: **das** Land / 여성: **die** Sprache

### 범례 2. 명사의 복수가 있는 경우 명사 뒤에 복수형을 표기하였습니다.

독일어 명사는 단어마다 복수형 형태가 다른 경우가 많습니다. 때때로 모음이 변음하기도 합니다. 이러한 복수형도 함께 공부해야 합니다.

예)

### 범례 3. 여성형과 남성형이 따로 있는 경우 모두 표기하였습니다.

사람을 가리키는 명사는 여성형과 남성형이 따로 있을 수 있습니다. 이러한 단어는 남성형과 여성형을 모두 기재하였습니다. 그리고 남성형과 여성형은 각자 복수형도 따로 있습니다.

성별이 섞인 무리를 가리킬 때에는 남성 복수형을 사용하거나, 아니면 남성 복수형과 여성 복수형을 함께 사용할 수 있습니다. 예를 들어, "친구들"을 독일어로 표현하면, "Freunde" 혹은 "Freundinnen und Freunde" 라고 표현합니다.

예)

| 108 ●●● | 109 |
|---|---|
| der **Freund**  die Freunde | 친구 (남), 남자 친구 |
| Wie viele Freunde hast du? | 너는 친구가 얼마나 많이 있니? |
| wie viele | 얼마나 많은 |

| 109 ●●● | 109 |
|---|---|
| die **Freundin**  die Freundinnen | 친구 (여), 여자 친구 |
| Marie ist meine Freundin. | Marie는 내 여자 친구야. |

## 범례 4. 동사는 원형을 기재하였습니다.

동사 원형은 대부분 어미가 -en입니다. sein, tun과 같은 동사는 예외입니다.

## 범례 5. 약어 표

| Pl. (Pluralwort) | 복수형으로만 사용하는 단어 | jmdn. (jemanden) | 사람 4격 |
|---|---|---|---|
| frml. (formell) | 격식체. 격식을 차려야 하는 상황에 사용하는 표현. | jmdm. (jemandem) | 사람 3격 |
| Akk. (Akkusativ) | 4격 | ugs. (umgangssprachlich) | 일상 용어 |
| Dat. (Dativ) | 3격 | etc. (et cetera) | 등등 |
| Abk. (Abkürzung) | 약어 | sich$^3$ | 재귀대명사 3격 |

독일어 학습에 대한 문의가 있나요?
독독독으로 언제든 연락주세요.

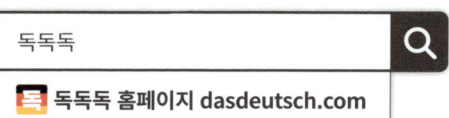

# 목차

| | |
|---|---|
| 안내 | 2 |
| 목차 | 4 |
| **Zu Hause** — 집에서 | **6** |
|    Wohnung & Wohnungssuche — 집과 집 구하기 | 6 |
|    Objekte in der Wohnung — 집 안에 있는 물건 | 13 |
|    Haushalt — 가사 노동 | 17 |
|    Körperpflege — 몸 가꾸기 | 20 |
|    연습문제 | 24 |
| **In der Welt** — 세상에서 | **26** |
|    Ortslage — 위치 | 26 |
|    Urlaub — 휴가 | 32 |
|    연습문제 | 44 |
| **Menschen** — 인간 | **46** |
|    Persönlichkeit — 성격 | 46 |
|    Gefühle — 감정 | 52 |
|    연습문제 | 62 |
| **Beziehungen** — 관계 | **64** |
|    Freundschaft — 우정 | 64 |
|    Liebe — 사랑 | 70 |
|    Familie — 가족 | 79 |
|    연습문제 | 84 |

| | | |
|---|---|---|
| **Kleidung & Shopping** | 의류와 쇼핑 | **86** |
| Kleidung | 옷 | 86 |
| Accessoires | 장신구 | 91 |
| Stil | 스타일, 양식 | 94 |
| Passform | 치수 | 96 |
| Shopping | 쇼핑 | 98 |
| 연습문제 | | 104 |
| **Lebensabschnitte** | 생애 주기 | **106** |
| Kindheit & Jugend | 유년기와 청소년기 | 106 |
| Studium | 학업 | 115 |
| Arbeit | 노동 | 120 |
| Erinnerungen | 추억 | 126 |
| 연습문제 | | 130 |
| **Kommunikation** | 소통 | **132** |
| Kommunikation | 소통 | 132 |
| Amtliches | 공무 | 139 |
| Geld | 돈 | 143 |
| Arztbesuch | 진찰 | 147 |
| 연습문제 | | 152 |
| **Feste & Feiern** | 축제와 잔치 | **154** |
| Feiern | 잔치 | 154 |
| Geburtstag | 생일 | 160 |
| Hochzeit | 결혼식 | 161 |
| Feiertage | 명절 | 164 |
| 연습문제 | | 170 |
| **정답** | | **172** |
| **듣기 지문** | | **174** |

# Zu Hause
# 집에서

| Wohnung & Wohnungssuche | 집과 집 구하기 |
|---|---|
| 001 ●●● <br> **der Umzug** die Umzüge <br> Kannst du mir nächstes Wochenende beim Umzug helfen? | 001 <br> 이사 <br> 너 다음 주말에 나 이사하는 거 도와줄 수 있어? |
| 002 ●●● <br> **ziehen** + Richtung <br> Er ist nach Bremen gezogen. | 002 <br> ~로 옮기다, 이동하다, 이사하다 <br> 걔는 브레멘으로 이동했어. |
| 003 ●●● <br> **einziehen** <br> Ich ziehe nächsten Monat in die Wohnung ein. | 003 <br> 이사 들어오다 <br> 나 다음 달에 그 집으로 이사 들어와. |
| 004 ●●● <br> **umziehen** <br> Ich muss umziehen, weil meine Nachbarn zu laut sind. <br> weil | 004 <br> 이사하다 <br> 내 이웃들이 너무 시끄러워서 나는 이사해야만 해. <br> ~ 때문에 |

6  Zu Hause

### 005
## ausziehen
Ich bin mit 20 Jahren aus der Wohnung meiner Eltern ausgezogen.

mit ... Jahr(en)

### 005
## 이사 나가다
나 스무 살에 부모님 집에서 이사 나갔어.

~살에

---

### 006
## die **Wohnung** die Wohnungen
Ich möchte in einer Wohnung mit Balkon leben.

der Balkon

### 006
## 집
나 발코니가 있는 집에 살고 싶어.

발코니

---

### 007
## die **Ein-Zimmer-Wohnung**
die Ein-Zimmer-Wohnungen
Eine Ein-Zimmer-Wohnung ist genug für mich.

### 007
## 원룸
원룸이면 나한테 충분해.

---

### 008
## das **Apartment** die Apartments
In München muss man für ein kleines Apartment viel Miete zahlen.

zahlen

### 008
## 아파트
뮌헨에서는 작은 아파트도 많은 임대료를 내야 한다.

(돈을) 내다

---

### 009
## das **Einfamilienhaus**
die Einfamilienhäuser
Meine Eltern leben in einem Einfamilienhaus mit Garten.

### 009
## 단독주택
내 부모님은 정원이 딸린 단독주택에 살아.

| | |
|---|---|
| 010 ●●●<br>**das Mehrfamilienhaus**<br>die Mehrfamilienhäuser<br>In diesem Mehrfamilienhaus gibt es fünf Wohnungen. | 010<br>다세대 주택<br><br>이 다세대 주택에는 다섯 집이 있다. |
| 011 ●●●<br>**das Hochhaus** die Hochhäuser<br>Ich wohne in einem Hochhaus. | 011<br>고층 건물<br>나는 고층 건물에 산다. |
| 012 ●●●<br>**das Stockwerk** die Stockwerke<br>In dem Haus gibt es sechs Stockwerke. | 012<br>층<br>이 집에는 여섯 층이 있다. |
| 013 ●●●<br>**die Eigentumswohnung**<br>die Eigentumswohnungen<br>Mein Freund hat eine Eigentumswohnung. | 013<br>자가, 자신이 소유한 집<br><br>내 남자 친구는 자신이 소유한 집이 있어. |
| 014 ●●●<br>**die Miete** die Mieten<br>Die Miete ist nicht hoch. | 014<br>임대료<br>임대료가 비싸지 않아. |

015

**mieten**

Ich miete eine kleine Wohnung in Seoul.

015

**임차하다**

나는 서울에 있는 작은 집을 임차한다.

016

die **Kaution** die Kautionen

Die Kaution beträgt drei Monatsmieten, also 1.200 Euro.

016

**보증금**

보증금은 석 달치 임대료, 그러니까 1200유로에 달합니다.

017

die **Nebenkosten** Pl.

Die Nebenkosten sind das Geld für Wasser, Gas, Strom etc.

017

**관리비**

관리비는 물, 가스, 전기 등에 내는 돈이다.

018

die **Warmmiete** die Warmmieten

Die Warmmiete beträgt 460 Euro.

018

**난방비 포함 임대료**

난방비 포함 임대료는 460유로입니다.

019

die **Kaltmiete** die Kaltmieten

Die Kaltmiete beträgt 350 Euro.

019

**난방비 제외 임대료**

난방비 제외 임대료는 350유로입니다.

020

**der Vermieter** die Vermieter

Ich habe gestern den Vermieter angerufen, weil die Nachbarn sehr laut waren.

020

임대인(남)

이웃들이 엄청 시끄러웠기 때문에, 어제 난 임대인에게 전화를 걸었다.

---

021

**die Vermieterin** die Vermieterinnen

Die Vermieterin nimmt nur weibliche Mieterinnen auf.

weiblich

021

임대인(여)

그 임대인은 오직 여성 임차인들만 받는다.

여성의

---

022

**vermieten**

Meine Mama will mein altes Zimmer vermieten.

022

임대하다

내 엄마는 내 오래된 방을 임대하려 한다.

---

023

**der Vertrag** die Verträge

Wir haben gestern den Mietvertrag unterschrieben.

unterschreiben

023

계약서

우리는 어제 임대차 계약서에 서명했다.

서명하다

---

024

**der Nachbar** die Nachbarn

Meine Nachbarn haben ein Kind.

024

이웃(남)

내 이웃들은 아이가 한 명 있다.

### 025
**die Nachbarin** die Nachbarinnen
Ich mag meine Nachbarin sehr gerne.

### 025
이웃(여)
나는 내 이웃을 아주 좋아한다.

### 026
**die Lage** die Lagen
Die Lage der Wohnung ist ganz gut.

### 026
입지
이 집의 입지는 아주 좋아요.

### 027
**zentral gelegen**
Ist die Wohnung zentral gelegen?

### 027
도심에 위치한
집이 도심에 위치하나요?

### 028
**die Nachbarschaft** die Nachbarschaften
In der Nachbarschaft gibt es viele Cafés.

### 028
인근
인근에는 카페가 많다.

### 029
**die Umgebung** die Umgebungen
Es gibt Apotheken, Banken und alle großen Supermärkte in der Umgebung.

### 029
주변 환경
약국들, 은행들, 모든 대형 슈퍼마켓들이 주변에 있다.

030

**die Wohngemeinschaft**
die Wohngemeinschaften

Viele Studenten wohnen in Wohngemeinschaften.

030

주거 공동체, 쉐어하우스

많은 학생들은 쉐어하우스에 산다.

---

031

**die WG** die WGs (Abk.)

Ich wohne lieber in einer WG.

031

주거 공동체, 쉐어하우스(약어)

나는 쉐어하우스에 사는 게 더 나아.

---

032

**der Mitbewohner**
die Mitbewohner

Ich habe vier Mitbewohner.

032

동거인(남)

나는 동거인이 네 명 있다.

---

033

**die Mitbewohnerin**
die Mitbewohnerinnen

Ich bin wegen meiner Mitbewohnerin ausgezogen.

033

동거인(여)

나는 내 동거인 때문에 이사 나갔다.

---

034

**das Studentenwohnheim**
die Studentenwohnheime

Als Student habe ich in einem Studentenwohnheim gewohnt.

034

학생 기숙사

대학생인 나는 학생 기숙사에서 살았다.

| Objekte in der Wohnung | 집 안에 있는 물건 |
|---|---|
| 035 ●●● <br> **der Schlüssel** die Schlüssel <br> Tina, ich kann meine Schlüssel nicht finden! | 035 <br> 열쇠 <br> Tina, 내 열쇠들을 못 찾겠어! |
| 036 ●●● <br> **die Badewanne** die Badewannen <br> Ich will auf jeden Fall eine Badewanne in der Wohnung haben. | 036 <br> 욕조 <br> 나는 무조건 집에 욕조를 두고 싶어. |
| 037 ●●● <br> **die Dusche** die Duschen <br> Mach nach dem Duschen bitte immer die Haare aus der Dusche.* | 037 <br> 샤워, 샤워실 <br> 제발 샤워하고 나면 항상 머리카락을 샤워실에서 빼라. |
| 038 ●●● <br> **das Waschbecken** <br> die Waschbecken <br> Das Waschbecken ist total dreckig. | 038 <br> 세면대 <br> 세면대가 완전히 더럽다. |
| 039 ●●● <br> **die Toilette** die Toiletten <br> Ich glaube, die Toilette ist verstopft. <br> verstopft | 039 <br> 변기 <br> 내 생각에 변기가 막힌 것 같아. <br> 막힌 |

* 명사 die Dusche와 달리, 동사 duschen으로부터 비롯된 명사 das Duschen도 존재합니다. 해당 예문은 das Duschen으로 만들어진 예문입니다.

### 040
**das Klo** die Klos (ugs.)
Mama, ich muss aufs Klo!

### 040
변기 (일상 용어)
엄마, 나 화장실 좀 (가야 해)!

### 041
**die Waschmaschine**
die Waschmaschinen
Ich wasche meine Wäsche in der Waschmaschine im Keller.
der Keller

### 041
세탁기

나는 내 빨래를 지하실에 있는 세탁기로 빤다.
지하실(창고)

### 042
**der Wäschetrockner**
die Wäschetrockner
Der Wäschetrockner ist sehr praktisch.

### 042
빨래 건조기

빨래 건조기는 매우 편리하다.

### 043
**die Spülmaschine**
die Spülmaschinen
In der WG haben wir keine Spülmaschine.

### 043
식기세척기

우린 쉐어하우스에 식기세척기가 없어.

### 044
**die Spüle** die Spülen
In der Spüle steht sehr viel Geschirr.
das Geschirr

### 044
개수대
개수대에 그릇이 엄청 많이 있어.
그릇

045 ● ● ●

**der Wasserhahn**
die Wasserhähne
Der Wasserhahn muss repariert werden.

045

수도꼭지
수도꼭지가 수리되어야만 해.

046 ● ● ●

**die Heizung** die Heizungen
Die Heizung ist kaputt.

046

난방 장치
난방 장치가 고장 났어.

047 ● ● ●

**heizen**
Wir können nur am Morgen heizen.

047

난방하다
우리는 아침에만 난방할 수 있어.

048 ● ● ●

**das Treppenhaus**
die Treppenhäuser
Alle Bewohner müssen einmal im Monat das Treppenhaus putzen.

048

층계
모든 거주자는 한 달에 한 번 층계를 청소해야 한다.

049 ● ● ●

**das WLAN** die WLANs
Habt ihr in der WG WLAN?

049

무선 랜, 와이파이
너희 쉐어하우스에 무선 랜 있어?

050

**die Einrichtung**
die Einrichtungen
Die Einrichtung in deiner Wohnung ist so schön!

050

정돈
네 방 정돈 상태가 아주 좋네!

051

**einrichten**
Laura hat ihre neue Wohnung richtig schön eingerichtet.

051

정돈하다
Laura는 본인의 새 집을 정말 잘 정돈했다.

052

**möbliert**
Das Zimmer ist möbliert.

052

가구가 딸린
이 방은 가구가 딸려 있다.

053

der **Föhn** die Föhne
Lena, darf ich deinen Fön benutzen?

053

드라이기
Lena, 나 네 드라이기 써도 돼?

054

das **Handtuch** die Handtücher
Häng das Handtuch bitte auf, wenn es nass ist.
aufhängen

054

수건
수건이 젖어 있으면 좀 널어놔.
널다

055 ★★★

**die Seife** die Seifen
Wasch dir die Hände bitte mit Seife.

055

비누
손 좀 비누로 닦아라.

056 ★★★

**die Zahnbürste** die Zahnbürsten
Mark, hast du meine Zahnbürste benutzt?

056

칫솔
Mark, 너 내 칫솔 사용했어?

057 ★★★

**die Zahnpasta** die Zahnpasten
Die Zahnpasta ist leer.

057

치약
치약이 비어 있다.

## Haushalt | 가사 노동

058 ★★★

**die Aufgabe** die Aufgaben
Es gibt viele Aufgaben im Haushalt.

058

할 일, 과제
집안에 할 일이 많다.

059 ★★★

**abwaschen**
Weil wir keine Spülmaschine haben, müssen wir jeden Tag abwaschen.

059

설거지하다
우리는 식기세척기가 없어서 매일 설거지해야 한다.

060

## putzen
Ich glaube, wir sollten die Fenster putzen.

060

## 닦다
내 생각에 우리가 창문을 닦는 게 좋을 거 같아.

061

## staubsaugen
Wer ist diese Woche dran mit Staubsaugen?

dran sein

061

## 진공청소기로 청소하다
누가 이번 주에 청소기 돌릴 차례야?

차례다

062

## aufräumen
Räum dein Zimmer auf.

062

## 정리하다
네 방 정리해.

063

## den Müll rausbringen
Hast du immer noch nicht den Müll rausgebracht?

063

## 쓰레기를 내놓다
너 아직도 쓰레기 안 내놨어?

064

## den Tisch decken
Könnt ihr schon mal den Tisch decken?

064

## 상을 차리다
너희 상 좀 차릴 수 있니?

065

**den Tisch abräumen**

Nach dem Essen räumen wir den Tisch ab.

065

**상을 치우다**

식사하고 나면 우리는 상을 치운다.

066

**die Spülmaschine einräumen**

Ich räume gerade die Spülmaschine ein.

066

**식기세척기를 채우다**

나 지금 식기세척기 채우는 중이야 (식기세척기에 식기를 넣는 중이야).

067

**die Spülmaschine ausräumen**

Räum bitte die Spülmaschine aus.

067

**식기세척기를 비우다**

식기세척기 좀 비워 줘 (식기세척기에서 식기 좀 꺼내 줘).

068

**die Wäsche waschen**

Ich muss heute Abend, wenn ich nach Hause komme, noch Wäsche waschen.

068

**빨래하다**

나 오늘 저녁에 집에 가면 빨래도 해야 해.

069

**die Wäsche aufhängen**

Ich hänge die Wäsche meistens auf dem Balkon auf.

069

**빨래를 널다**

나는 빨래를 주로 발코니에 널어.

070

## die Wäsche abnehmen
Max, kannst du bitte deine Wäsche vom Wäscheständer abnehmen?

der Wäscheständer

070

## 빨래를 걷다
Max, 너 니 빨래 좀 빨래 건조대에서 걷을 수 있어?

빨래 건조대

071

## backen
Ich möchte einen Kuchen backen.

071

## 굽다
나 케이크 하나 굽고 싶어.

| Körperpflege | 몸 가꾸기 |
|---|---|

072

## auf die Toilette gehen
Ich muss schon wieder auf die Toilette gehen.

072

## 화장실에 가다
나 또 화장실에 가야겠어.

073

## aufs Klo gehen ugs.
Ich gehe noch schnell aufs Klo.

073

## 볼일 보러 가다 (일상 용어)
나 볼일 좀 빨리 보고 올게.

074

## sich rasieren
Tim hat sich schon wieder mit meinem Rasierer rasiert.

074

## 면도하다
Tim은 또 내 면도기로 면도했다.

075 ● ● ●

**sich³ die Haare waschen**

Mein Mitbewohner wäscht sich zweimal am Tag die Haare.

075

머리를 감다

내 동거인은 하루에 두 번 머리를 감는다.

076 ● ● ●

**sich³ die Haare föhnen**

Ich muss mir nur noch die Haare föhnen, dann kannst du ins Bad.

076

머리를 말리다

나 아직 머리 말려야 해. 그다음에야 너는 욕실에 갈 수 있어.

077 ● ● ●

**sich³ die Haare kämmen**

Ich kämme mir die Haare nur mit diesem Kamm.

077

머리를 빗다

나는 내 머리를 이 빗으로만 빗어.

078 ● ● ●

**sich³ die Zähne putzen**

Nach dem Essen putze ich mir immer die Zähne.

078

이를 닦다

식사 뒤에 나는 항상 이를 닦는다.

079 ● ● ●

**sich³ die Fingernägel schneiden**

Ich muss mir die Fingernägel schneiden.

079

손톱을 깎다

나는 손톱을 깎아야 해.

080

## sich schminken
Du musst dich nicht schminken.

080

## 화장하다
너는 화장할 필요 없어.

081

## sich abschminken
Vor dem Schlafengehen schminke ich mich immer ab.

081

## 화장을 지우다
자러 가기 전에 나는 항상 화장을 지운다.

082

## Make-up tragen
Wenn ich zu Hause bin, trage ich kein Make-up.

082

## 메이크업하다
나는 집에 있을 때 메이크업하지 않아.

083

## zum Friseur gehen
Ich gehe nicht gerne zum Friseur.

083

## 미용실에 가다
나는 미용실에 가는 거 안 좋아해.

084

## die **Frisur** die Frisuren
Wow, deine neue Frisur sieht richtig schön aus.

084

## 헤어스타일
와, 네 새로운 헤어스타일 진짜 예뻐 보여.

# Memo

Körperpflege  몸 가꾸기

## 연습문제

### Zu Hause 집에서

**1 Lies den Text und beantworte die Fragen.**

**Lisas WG**

Ich lebe jetzt seit zwei Jahren in einer WG mit Marie und Andi und das Leben dort gefällt mir sehr gut. Sie sind beide sehr nett und lustig. Mein Zimmer ist relativ groß, es ist aber gar nicht teuer. Ich bezahle im Monat nur 260 Euro für die Miete und 40 Euro für die Nebenkosten. Unsere Wohnung ist im 4. Stock. Es ist ein bisschen anstrengend, jeden Tag die Treppe bis zum 4. Stock hochzugehen. Aber ich finde das gut, weil das wie Sport ist. Wir gehen meistens zusammen einkaufen. Wir brauchen nur zwei Minuten bis zum Supermarkt. Das ist sehr praktisch. Die Bushaltestelle ist auch direkt neben dem Haus. Aber leider brauche ich fast 30 Minuten bis zur Uni, weil die Uni in der Innenstadt ist. Manchmal gibt es in der WG auch Probleme. Zum Beispiel wird es in der Wohnung manchmal einfach nicht warm. Und dann müssen wir den Vermieter anrufen, damit er das Problem löst. Oder Marie nimmt manchmal meinen Fön und gibt ihn mir nicht zurück. Aber das ist schon okay. Das sind nur kleine Probleme.

ⓐ Wann ist Lisa in die WG eingezogen?
_____

ⓑ Wie viele Mitbewohner hat Lisa?
_____

ⓒ Wie hoch ist die Kaltmiete?
_____ Euro

ⓓ Wie hoch ist die Warmmiete?
_____ Euro

ⓔ Lisa wohnt in
　① einem Haus.
　② einer Wohnung.
　③ einem Studentenwohnheim.

ⓕ Ist Lisas Wohnung zentral gelegen?
  ☐ ja
  ☐ nein

ⓖ Was ist manchmal kaputt?
  ① die Heizung
  ② die Spüle
  ③ das WLAN

**2 Hör dir die Audio-Aufnahmen 1-6 an. In jeder Aufnahme wird ein Wort nicht gesagt. Entscheide, welches Wort in welche Aufnahme passt. Ergänze hinter dem Wort den passenden Nummern (1-6).**

Ü-1-2

ⓐ gehen  _____
ⓑ putzen  _____
ⓒ Friseur  _____
ⓓ föhnen  _____
ⓔ kämmen  _____
ⓕ schminke  _____

# In der Welt
# 세상에서

| Ortslage | 위치 |
|---|---|
| 085<br>**der Ort** die Orte<br>Kannst du mir schöne Orte in Seoul empfehlen? | 085<br>장소<br>너 나한테 서울의 아름다운 장소들 추천해 줄 수 있어? |
| 086<br>**das Dorf** die Dörfer<br>Ich komme aus einem kleinen Dorf. | 086<br>마을<br>나는 작은 마을 출신이다. |
| 087<br>**die Stadt** die Städte<br>Aus welcher Stadt in Südkorea kommst du? | 087<br>도시<br>넌 한국의 어느 도시 출신이니? |
| 088<br>**der Stadtteil** die Stadtteile<br>Itaewon ist ein Stadtteil von Seoul. | 088<br>동(도시의 구역)<br>이태원은 서울의 한 구역이다. |

089

**das Land** die Länder
In welchem Land würdest du gerne mal Urlaub machen?

089

나라
넌 어느 나라에서 한 번 휴가를 보내고 싶어?

090

**der Kontinent** die Kontinente
Auf welchem Kontinent liegt Brasilien?

090

대륙
브라질은 어느 대륙에 있지?

091

**liegen**
Die Stadt Busan liegt am Meer.

091

위치하다
부산시는 바닷가에 위치한다.

092

**das Meer** die Meere
Im nächsten Urlaub möchte ich ans Meer fahren.

092

바다
다음 휴가에 난 바다로 가고 싶어.

093

**der See** die Seen
Finnland nennt man auch „das Land der tausend Seen".

093

호수
핀란드는 "천 개의 호수의 나라"라고 불리기도 한다.

094

**der Fluss** die Flüsse

Welcher europäische Fluss fließt durch zehn Länder?

fließen

094

강

유럽의 어느 강이 열 개 나라를 거쳐 흐를까?

흐르다

---

095

**der Berg** die Berge

Ist der Hallasan der höchste Berg in Südkorea?

095

산

한라산이 한국에서 가장 높은 산이야?

---

096

**das Gebirge** die Gebirge

Die Alpen sind ein Gebirge in Europa.

die Alpen (Pl.)

096

산맥

알프스는 유럽에 있는 산맥이다.

알프스

---

097

**die Insel** die Inseln

Jeju ist die größte Insel in Südkorea.

097

섬

제주는 한국에서 가장 큰 섬이다.

---

098

**der Norden**

Hamburg ist eine Stadt im Norden von Deutschland.

098

북쪽

함부르크는 독일 북쪽에 있는 도시다.

099

### der **Osten**
Gangneung liegt im Osten von Südkorea.

099

### 동쪽
강릉은 한국 동쪽에 위치한다.

---

100

### der **Süden**
Ich war noch nie im Süden von Deutschland.

100

### 남쪽
나는 아직 독일 남쪽에 가 본 적이 없다.

---

101

### der **Westen**
Frankreich liegt im Westen von Europa.

101

### 서쪽
프랑스는 유럽 서쪽에 위치한다.

---

102

### die **Mitte**
Deutschland liegt in der Mitte von Europa.

102

### 중앙
독일은 유럽 중앙에 위치한다.

---

103

### **nördlich von**
Jeonju liegt nördlich von Gwangju.

103

### ~보다(의) 북쪽에
전주는 광주보다 북쪽에 위치한다.

**104**

# östlich von

Gyeongju liegt östlich von Daegu.

**104**

# ~보다(의) 동쪽에

경주는 대구보다 동쪽에 위치한다.

---

**105**

# südlich von

Suwon ist eine Stadt südlich von Seoul.

**105**

# ~보다(의) 남쪽에

수원은 서울보다 남쪽에 있는 도시다.

---

**106**

# westlich von

Incheon liegt etwa eine Stunde westlich von Seoul.

etwa

**106**

# ~보다(의) 서쪽에

인천은 서울에서 대략 한 시간 서쪽으로 떨어진 곳에 위치한다.

대략

---

**107**

# weit entfernt

Nordkorea ist nicht weit von Seoul entfernt.

**107**

# 멀리 떨어진

북한은 서울에서 멀리 떨어져 있지 않다.

---

**108**

# nah an

Aachen liegt relativ nah an den Niederlanden.

relativ

**108**

# ~에서 가까운

아헨은 네덜란드에서 상당히 가까운 곳에 위치한다.

상당히

109

## in der Nähe von
Lübeck ist eine kleine Stadt in der Nähe von Hamburg.

109

## ~의 근처에
뤼벡은 함부르크 근처에 있는 작은 도시다.

110

## die **Provinz** die Provinzen
Jeollado ist eine Provinz im Südwesten von Südkorea.

110

## 도(행정 구역)
전라도는 한국 남서쪽에 있는 도이다.

111

## das **Bundesland**
die Bundesländer
In welchem Bundesland liegt Düsseldorf?

111

## 주(행정 구역)
뒤셀도르프는 어느 주에 위치하지?

112

## abbiegen
Hier musst du nach links abbiegen.

112

## 방향을 꺾다
여기서 너는 왼쪽으로 꺾어야 해.

113

## abwärts
Vorsicht! Hier geht es steil abwärts.

die Vorsicht • steil

113

## 아래쪽으로
조심해! 여긴 가파른 내리막이야.

조심 • 가파른

114

## aufwärts
Aufwärts Rad fahren ist schwer.

114

## 위쪽으로
오르막으로 자전거를 타는 건 힘들다.

115

## auseinander
Wir wohnen nicht weit auseinander.

115

## 떨어져서
우리는 서로 멀리 떨어져 살지 않는다.

116

## abholen
Kannst du mich mit dem Auto abholen?

116

## 데려오다
너 나 차로 데리러 올 수 있어?

| Urlaub | 휴가 |
| --- | --- |

117

## der **Urlaub** die Urlaube
Wie war dein Urlaub?

117

## 휴가
네 휴가는 어땠어?

118

## Urlaub machen
Ich habe letzten Monat in Italien Urlaub gemacht.

118

## 휴가를 보내다
나 지난달에 이탈리아에서 휴가 보냈어.

119 ●●●
## im Urlaub sein
Lotta ist noch im Urlaub, aber sie kommt morgen wieder.

wiederkommen

119
## 휴가 중이다
Lotta는 아직 휴가 중이지만 내일 돌아와.

돌아오다

120 ●●●
## in Urlaub fahren
Ich fahre nächste Woche in Urlaub.

120
## 휴가를 떠나다
나는 다음 주에 휴가 가.

121 ●●●
## einen Ausflug machen
Meine Freundin und ich wollen am Sonntag einen Ausflug machen.

121
## 나들이 가다
내 여자 친구와 나는 일요일에 나들이를 가려해.

122 ●●●
## wegfahren
Lass uns dieses Wochenende mal wegfahren.

122
## 바람 쐬러 가다
우리 이번 주말에 바람 좀 쐬러 가자.

123 ●●●
## reisen
Ich reise sehr gerne und ich möchte gerne nach Deutschland reisen.

123
## 여행하다
나는 여행하는 걸 좋아하고, 독일로 여행 가고 싶어.

| | |
|---|---|
| 124 ★★★<br>**die Reise** die Reisen<br>Nach dem Studium möchte ich eine Reise durch Südamerika machen. | 124<br>여행<br>학업을 마치고 나는 남미를 두루 여행하고 싶어. |
| 125 ★★★<br>**planen**<br>Sollen wir heute anfangen, unseren Urlaub zu planen?<br>anfangen | 125<br>계획하다<br>우리 휴가 계획하기를 오늘 시작할까?<br>시작하다 |
| 126 ★★★<br>**packen**<br>Hast du deinen Koffer schon gepackt? | 126<br>(가방을) 싸다<br>너 네 여행 가방 벌써 쌌어? |
| 127 ★★★<br>**der Koffer** die Koffer<br>Die Fluggesellschaft hat meinen Koffer verloren.<br>die Fluggesellschaft • verlieren | 127<br>여행 가방<br>항공사가 내 여행 가방을 잃어버렸어.<br>항공사 • 잃어버리다 |
| 128 ★★★<br>**einpacken**<br>Denkst du, ich muss eine dicke Jacke einpacken? | 128<br>(짐을) 싸다<br>너 내가 두꺼운 재킷을 싸야 한다고 생각해? |

### 129
**das Gepäck**
Ich reise nicht gerne mit viel Gepäck.

### 129
**짐**
나는 많은 짐을 가지고 여행하는 거 안 좋아해.

### 130
**der Flug** die Flüge
Mein Flug war sehr anstrengend, deshalb bin ich sehr müde.

deshalb

### 130
**비행**
내 비행은 매우 힘들었고, 그래서 나는 아주 피곤해.

그래서

### 131
**übernachten**
Wo habt ihr im Urlaub übernachtet?

### 131
**묵다**
너희 휴가 때 어디서 묵었어?

### 132
**die Unterkunft** die Unterkünfte
Wir brauchen noch eine Unterkunft.

### 132
**숙소**
우리는 아직 숙소가 필요하다(숙소를 예약할 필요가 있다).

### 133
**buchen**
Hast du schon den Flug gebucht?

### 133
**예약하다**
너 벌써 비행기 예약했어?

134 ● ● ●

### das **Hostel** die Hostels
Im letzten Urlaub habe ich in einem Hostel im 6er-Schlafsaal übernachtet.

der 6er-Schlafsaal

134

### 호스텔
지난 휴가 때 나는 6인실 호스텔에서 묵었어.

6인실 숙소

---

135 ● ● ●

### das **Hotel** die Hotels
Ich würde gerne ein Zimmer für 2 Nächte in Ihrem Hotel buchen.

135

### 호텔
저는 당신의 호텔에서 이틀 밤 동안 (묵을) 방을 하나 예약하고 싶습니다.

---

136 ● ● ●

### das **Ferienhaus** die Ferienhäuser
Früher habe ich oft Urlaub in einem Ferienhaus gemacht.

136

### 별장, 휴가 때 묵는 집
전에 나는 자주 별장에서 휴가를 보냈다.

---

137 ● ● ●

### **ausgebucht**
Es tut mir leid, für den 31.12. sind wir leider schon ausgebucht.

137

### 예약이 마감된
죄송합니다만, 12월 31일에는 안타깝게도 이미 예약이 마감되었습니다.

---

138 ● ● ●

### die **Vollpension** die Vollpensionen
Wir haben ein Hotelzimmer mit Vollpension gebucht.

138

### 세끼 모두 제공하는 숙소
우리는 세끼를 모두 제공하는 호텔 방을 예약했다.

### 139
**die Halbpension**
die Halbpensionen
Lass uns ein Zimmer mit Halbpension buchen.

### 139
아침과 저녁을 제공하는 숙소

우리 아침과 저녁을 제공하는 방으로 예약하자.

### 140
**einchecken**
Wir können erst um 15 Uhr in dem Hotel einchecken.

### 140
체크인하다
우리는 15시가 돼야 호텔에 체크인할 수 있다.

### 141
**auschecken**
Wir mussten eigentlich bis 11 Uhr auschecken.
eigentlich

### 141
체크아웃하다
우리는 원래 11시까지 체크아웃해야 했어.
원래

### 142
**sich³ Akk. mieten**
Wir haben uns einen Mietwagen gemietet, um flexibler zu sein.
der Mietwagen • flexbel • um ... zu (Infinitiv)

### 142
빌리다
우리는 더 유연하게 (여행하도록) 렌트카를 빌렸어.

렌트카 • 유연한 • ~하기 위해

### 143
**das Ticket** die Tickets
Ich habe schon Tickets für uns vorbestellt.
vorbestellen

### 143
표
나 벌써 우리 표 예매했어.
예매하다

144

**der Eintritt** die Eintritte

In vielen Museen ist der Eintritt für Senioren frei.

der Senior

144

입장

많은 박물관에서는 고령자의 입장이 무료다.

고령자

---

145

**die Eintrittskarte**

die Eintrittskarten

Hast du deine Eintrittskarte?

145

입장권

너 네 입장권 가지고 있어?

---

146

**der Eintrittspreis**

die Eintrittspreise

Die Eintrittspreise sind viel zu hoch!

146

입장료

입장료가 너무 비싸!

---

147

**die Führung** die Führungen

In Lissabon haben wir an einer Stadtführung teilgenommen.

147

견학

리스본에서 우리는 도시 견학에 참가했다.

---

148

**die Tour** die Touren

Ich habe uns für eine Fahrradtour durch die Altstadt angemeldet.

anmelden

148

관광

내가 구시가지를 통과하는 자전거 투어에 우리를 등록했어.

등록하다

---

38   In der Welt

149

die **Sehenswürdigkeit**
die Sehenswürdigkeiten
Welche Sehenswürdigkeiten habt ihr euch in London angesehen?

149

명소

너희 런던에서 어느 명소들을 구경했어?

150

**besichtigen**
Wir haben gestern den ganzen Tag die Stadt besichtigt.

150

관람하다

우리는 어제 하루 종일 도시를 관람했어.

151

**sich³ Akk. ansehen**
Wir sind spazieren gegangen und haben uns viele Paläste angesehen.

151

구경하다

우리는 산책하러 갔고 여러 궁전들을 구경했어.

152

der **Tourist** die Touristen
An der Ostseeküste sind nicht so viele Touristen.

152

관광객(남)

동해 해변에는 관광객이 그렇게 많지 않다.

153

die **Touristin** die Touristinnen
Eine Gruppe von spanischen Touristinnen ist im Hotel angekommen.

153

관광객(여)

스페인 관광객 무리 하나가 호텔에 도착했다.

Urlaub 휴가 39

## 154
**berühmt**
In Paris gibt es viele berühmte Sehenswürdigkeiten.

## 154
유명한
파리에는 많은 유명 명소들이 있다.

## 155
**bekannt sein für Akk.**
Spanien ist unter anderem für Tapas bekannt.

## 155
~으로 이름난, ~으로 알려진
스페인은 그 외에도 타파스로 유명하다.

## 156
die **Landschaft** die Landschaften
An Irland hat mir am besten die Landschaft gefallen.

## 156
풍경
아일랜드에서는 풍경이 가장 내 마음에 들었다.

## 157
die **Natur**
Ich fahre lieber in die Natur.

## 157
자연
나는 자연으로 가는 걸 더 좋아해.

## 158
**draußen**
Ich sitze gerne draußen in der Sonne.
die Sonne

## 158
밖에
나는 밖에서 햇볕을 쬐며 앉아 있는 걸 좋아해.
해, 태양

## 159
**die Stimmung**
Die Stimmung in London ist ganz besonders.

## 159
정취, 분위기
런던의 정취는 아주 유별나.

## 160
**die Aussicht** die Aussichten
Vom Hallasan aus hat man eine richtig schöne Aussicht.

## 160
조망
한라산에서의 전망이 정말 아름답다.

## 161
**der Strand** die Strände
Ich will in ein Hotel direkt am Strand!

direkt

## 161
해변
나는 해변 바로 앞 호텔에 갈 거야!

바로

## 162
**das Abenteuer**
Ich freue mich schon auf den nächsten Abenteuerurlaub.

sich freuen auf Akk.

## 162
모험, 탐험
나는 벌써 모험이 있는 다음 휴가가 기대돼!

~가 기대되다

## 163
**aktiv**
Am liebsten bin ich im Urlaub aktiv.

am liebsten

## 163
활동적인
나는 휴가 때 활동적인 걸 가장 좋아해.

gern의 최상급

164 ● ● ●
## allein
Meine Nachbarin ist gerne allein.

164
## 혼자
내 이웃은 혼자 있기를 즐긴다.

165 ● ● ●
## sich entspannen
Am Abend entspanne ich mich mit einem guten Buch.

165
## 쉬다
난 저녁에 좋은 책과 함께(책을 읽으며) 쉰다.

166 ● ● ●
## sich erholen
Ich habe mich im Urlaub total gut erholt.

166
## 회복하다, 쉬다
나는 휴가 때 아주 잘 쉬었다.

167 ● ● ●
## sich beeilen
Wir müssen uns beeilen oder wir verpassen unseren Flug.

verpassen

167
## 서두르다
우리는 서둘러야 해. 아니면 비행기 놓쳐.

놓치다

168 ● ● ●
## sich langweilen
Ich langweile mich immer am Strand.

168
## 지루하다
나는 항상 해변에선 지루해.

# Memo

**연습문제**

**In der Welt** 세상에서

**1 Lies die Texte und entscheide, welcher Ort gemeint ist.**

**a)** Diese Stadt liegt im Westen von Südkorea. Sie liegt westlich von Seoul. Die Stadt liegt am Meer. Es gibt dort einen großen Flughafen.

_____

**b)** Diese Stadt liegt im Südwesten von Südkorea. Sie liegt nicht am Meer. Sie liegt südlich von Jeonju und nördlich von Mokpo. Der Berg Mudeung ist nicht weit von dieser Stadt entfernt.

_____

**c)** Dieser Ort liegt im Nordosten von Südkorea, in der Provinz Gangwon. In der Nähe dieses Ortes gibt es einen großen See und eine kleine Insel. Die Insel ist bei Touristen sehr beliebt. Der See heißt Soyang und die Insel heißt Namiseom.

_____

**2** **Hör dir die Audio-Aufnahmen 1-6 an. In jeder Aufnahme wird ein Wort nicht gesagt. Entscheide, welches Wort in welche Aufnahme passt. Ergänze hinter dem Wort den passenden Buchstaben (1-6).**

ⓐ ansehen _____
ⓑ packen _____
ⓒ teilnehmen _____
ⓓ buchen _____
ⓔ übernachten _____
ⓕ auschecken _____

**3** **Hör dir den Dialog an und beantworte die Fragen.**

ⓐ Wo hat sie Urlaub gemacht?

_____

_____

ⓑ Was gibt es in dieser Stadt nicht?

① einen Strand
② einen See
③ Sehenswürdigkeiten
④ gutes Wetter

# Menschen
# 인간

| Persönlichkeit | 성격 |
|---|---|
| 169 ★★★<br>**der Mensch** die Menschen<br>Tobi ist ein wirklich netter Mensch. | 169<br>사람<br>Tobi는 정말 착한 사람이다. |
| 170 ★★★<br>**die Persönlichkeit**<br>die Persönlichkeiten<br>Meine Persönlichkeit ist ganz anders als deine Persönlichkeit. | 170<br>성격<br><br>내 성격은 네 성격과 완전 다르다. |
| 171 ★★★<br>**selbstbewusst**<br>Du bist immer so selbstbewusst! | 171<br>자신감이 있는<br>너는 항상 엄청 자신감이 있구나! |
| 172 ★★★<br>**das Selbstbewusstsein**<br>Ein bisschen Selbstbewusstsein schadet nie.<br>schaden • nie | 172<br>자신감<br>약간의 자신감은 절대 나쁠 것이 없다.<br>피해를 주다 • 절대 아닌 |

173

**unsicher**
Ich bin oft sehr unsicher.

173

**불안한, 불확실한**
나는 자주 매우 불안해한다.

174

**schüchtern**
Er ist immer so schüchtern und sagt nicht viel.

174

**쑥스러운**
걔는 항상 엄청 쑥스러워하고 말을 많이 안 한다.

175

**offen**
Marius ist ein offener Mensch.

175

**열린**
Marius는 열린 사람이다.

176

**gesprächig**
Anne ist sehr gesprächig.

176

**수다스러운**
Anne는 아주 수다스럽다.

177

**frech**
Mein kleiner Bruder ist sehr frech.

177

**뻔뻔한**
내 남동생은 아주 뻔뻔하다.

178

**still**

Luise ist meistens sehr still.

178

**얌전한**

Luise는 대체로 아주 얌전하다.

179

**ruhig**

Mark bleibt immer ruhig.

179

**조용한**

Mark는 항상 조용히 있다.

180

**nett**

Miriam ist immer nett zu allen.

180

**착한**

Miriam은 항상 모두에게 착하게 군다.

181

**freundlich**

Ich finde, es ist sehr wichtig, zu anderen Menschen freundlich zu sein.

181

**친절한**

내 생각에 다른 사람에게 친절하게 구는 것은 아주 중요하다.

182

**höflich**

Lars ist so höflich!

182

**예의 바른**

Lars는 정말 예의 발라!

183

**unfreundlich**

Mein unfreundlicher Vermieter grüßt mich nicht.

grüßen

183

**불친절한**

나의 불친절한 임대인은 내게 인사하지 않는다.

인사하다

184

**unhöflich**

Luka ist so unhöflich und unfreundlich.

184

**무례한**

Luka는 정말 무례하고 불친절해.

185

**eingebildet**

Eingebildete Menschen mag ich überhaupt nicht.

185

**거만한**

나는 거만한 사람들을 전혀 좋아하지 않아.

186

**bescheiden**

Du bist zu bescheiden.

186

**겸손한**

너는 너무 겸손해.

187

**faul**

Mein Mitbewohner ist so faul!

187

**게으른**

내 동거인은 엄청 게을러!

188

## fleißig
Luise ist jeden Tag super fleißig.

188

## 부지런한
Luise는 맨날 엄청 부지런해.

189

## zuverlässig
Nina ist sehr zuverlässig und schreibt immer alles mit.

mitschreiben

189

## 믿을 만한
Nina는 아주 믿을 만하고 항상 모든 걸 적어 놔.

함께 써 놓다, 필기하다

190

## unzuverlässig
Es ist sehr unzuverlässig, immer zu spät zu kommen.

190

## 못 미더운
항상 너무 늦게 오는 건 아주 못 미더운 일이야.

191

## lustig
Leon ist so lustig und er macht immer die besten Witze.

der Witz

191

## 웃긴
Leon은 아주 웃기고 항상 최고인 농담을 해.

농담

192

## albern
Also, ich finde, Leon ist ein bisschen albern.

192

## 어리석은
그러니까, 내 생각엔 Leon은 좀 어리석어.

193

## ernst
Zieh nicht so eine ernste Miene.

eine Miene ziehen

193

## 진지한
그렇게 진지한 표정 짓지 마.

표정을 짓다

194

## ehrlich
Ich mag es, wenn Menschen ehrlich sind.

194

## 솔직한
나는 사람이 솔직한 게 좋아.

195

## langweilig
Dieser Typ ist unfassbar langweilig.

der Typ • unfassbar

195

## 지루한
이 녀석은 믿을 수 없을 만큼 지루해.

녀석, 자식 • 믿을 수 없는

196

## intelligent
Ich mag intelligente Menschen.

196

## 지적인
나는 지적인 사람들이 좋아.

197

## klug
Musik soll Kinder klüger machen.

sollen

197

## 똑똑한
음악은 아이들을 더 똑똑하게 만든다고 한다.

~한다고 하다(간접 화법)

| | |
|---|---|
| 198 ●●●<br>**schlau**<br>Peter ist so schlau wie ein Fuchs.<br>wie • der Fuchs | 198<br>꾀가 많은, 현명한<br>Peter는 여우같이 엄청 꾀가 많다.<br>~와 같은 • 여우 |
| 199 ●●●<br>**dumm**<br>Luisa stellt immer so dumme Fragen.<br>eine Frage stellen | 199<br>바보 같은<br>Luisa 항상 저런 바보 같은 질문들을 한다.<br>질문하다 |

| **Gefühle** | 감정 |
|---|---|
| 200 ●●●<br>**das Gefühl** die Gefühle<br>Ich möchte versuchen, meine Gefühle besser auszudrücken.<br>ausdrücken | 200<br>기분, 감정<br>나는 내 기분을 더 잘 표현하도록 시도하고 싶다.<br>표현하다 |
| 201 ●●●<br>**das Gefühl haben, dass...**<br>Ich habe das Gefühl, dass er mich nicht mag. | 201<br>~한 기분이 들다<br>나는 걔가 날 안 좋아한다는 기분이 들어. |
| 202 ●●●<br>**glücklich**<br>Essen macht mich glücklich. | 202<br>행복한<br>음식은 날 행복하게 해. |

203

**traurig**

Du siehst so traurig aus.

203

슬픈

너 엄청 슬퍼 보여.

204

**gut gelaunt**

Warum bist du so gut gelaunt?

204

기분이 좋은

왜 너 그렇게 기분이 좋아?

205

**gut drauf** ugs.

Ich bin gut drauf, weil ich verliebt bin.

verliebt sein

205

기분이 좋은 (일상 용어)

나 사랑에 빠져서 기분이 좋아.

사랑에 빠지다

206

**schlecht gelaunt**

Nach einem Streit mit seiner Freundin war er schlecht gelaunt.

der Streit

206

기분이 나쁜

여자 친구와 싸운 뒤 걔는 기분이 나빴다.

싸움

207

**schlecht drauf** ugs.

Du bist schon den ganzen Tag so schlecht drauf.

207

기분이 나쁜 (일상 용어)

너는 하루 종일 그렇게 기분이 안 좋네.

208

**lächeln**
Wenn sie lächelt, lacht die Sonne mit.

208

**미소 짓다**
걔가 미소를 지을 때면 태양도 함께 웃는다.

209

**lachen**
Ich muss immer lachen, wenn ich diesen Film sehe.

209

**웃다**
나는 이 영화를 볼 때면 항상 웃을 수밖에 없다.

210

**weinen**
Ich habe gestern viel geweint, weil ich so traurig war.

210

**울다**
나 어제 너무 슬퍼서 많이 울었어.

211

**Angst haben vor Dat.**
Ich habe ein bisschen Angst vor meinem Vorstellungsgespräch morgen.

211

**(~을) 무서워하다**
나 내일 면접이 조금 무서워.

212

**sich³ Sorgen machen um Akk.**
Meine Mutter macht sich Sorgen um mich, weil ich immer noch nicht arbeite.

212

**(~을) 걱정하다**
내 어머니는 내가 여전히 일을 안 해서 나를 걱정하셔.

213

## zufrieden
Ich habe alles, was ich brauche, daher bin ich zufrieden.

daher

213

## 만족한
나는 내가 필요한 건 다 가지고 있어서 만족해.

그에 따라, 그로 인해

---

214

## froh
Ich bin froh, dass ich morgen nicht arbeiten muss.

214

## 기쁜
나는 내일 일하지 않아도 돼서 기뻐.

---

215

## fröhlich
Die Kinder singen fröhlich vor dem Haus.

215

## 신난
아이들이 신이 나서 집 앞에서 노래를 부른다.

---

216

## alles okay sein bei Dat.
Ist bei dir alles okay?

216

## (~가) 모두 괜찮다, 잘 지내다
너 잘 지내?

---

217

## wütend auf Akk.
Bist du immer noch wütend auf mich?

217

## (~에) 화난, 분노하는
너 아직도 나한테 화났어?

### 218
**sauer auf Akk.**

Ich bin sauer, weil du meine Tasse kaputt gemacht hast.

kaputt machen

### 218
**~에 짜증 난, 화난**

네가 내 잔을 깨뜨려서 짜증 나.

고장 내다, 망가뜨리다

### 219
**Dat. böse sein**

Bist du mir nicht mehr böse, wenn ich dir eine neue kaufe?

### 219
**~에게 성나다**

내가 네게 새 거 하나 사 주면 나한테 그만 성낼 거야?

### 220
**beleidigt**

Sie ist beleidigt, weil ich sie nicht zu meiner Party eingeladen habe.

einladen

### 220
**감정이 상한**

걔는 내가 파티에 초대하지 않아서 감정이 상해 있다.

초대하다

### 221
**enttäuscht**

Weil wir dieses Jahr nicht in den Urlaub fahren können, bin ich total enttäuscht.

### 221
**실망한**

우리가 올해 휴가를 갈 수 없어서 나는 완전 실망해 있다.

### 222
**stolz auf Akk.**

Meine Tochter hat dieses Jahr einen Job gefunden, deshalb bin ich sehr stolz auf sie.

### 222
**~이 자랑스러운**

내 딸이 올해 취직해서 나는 걔가 아주 자랑스럽다.

223

## aufgeregt
Ich bin sehr aufgeregt, weil am Montag endlich mein Studium anfängt.

223

## 흥분한
나는 월요일에 드디어 학업을 시작해서 아주 흥분해 있다.

224

## nervös
Ich habe heute ein Date, aber ich bin einfach zu nervös.

das Date

224

## 초조한
오늘 데이트가 있는데 난 그냥 너무 초조하다.

데이트

225

## gestresst
Vera, du siehst irgendwie gestresst aus.

225

## 스트레스받는
Vera, 너 뭔가 스트레스받아 보여.

226

## Stress haben
Ich habe zurzeit ziemlich viel Stress.

zurzeit • ziemlich

226

## 스트레스받다
나 요즘 상당히 많이 스트레스받아.

요즘 • 상당히

227

## stressig
Die Arbeit ist sehr stressig.

227

## 스트레스 주는
그 일이 스트레스를 많이 준다.

228 ★★★

**Akk. stressen**

Stress mich nicht!

228

**~에게 스트레스 주다**

나한테 스트레스 주지 마!

---

229 ★★★

**anstrengend**

Mein Job ist so anstrengend, wenn ich zu Hause ankomme, gehe ich sofort schlafen.

229

**힘든**

내 직업은 아주 힘들어서 나는 집에 도착하면 바로 자러 간다.

---

230 ★★★

**genervt von Dat.**

Ich bin genervt von der Arbeit.

230

**~로 긴장한**

나는 그 일로 인해 긴장해 있다.

---

231 ★★★

**Akk. ärgern**

Lukas ärgert Laura, bis sie weint.

231

**~을 화나게 하다**

Lukas는 Laura가 울 때까지 화나게 한다.

---

232 ★★★

**Dat. auf die Nerven gehen**

Die Frau geht mir einfach nur auf die Nerven.

232

**~에게 성가시게 굴다**

그 여자는 내게 그냥 성가시게 굴 뿐이다.

### 233
**Dat. langweilig sein**
Mir ist langweilig.

### 233
**~가 지루해 하다**
나는 지루해.

### 234
**langweilen**
Der Unterricht langweilt mich zu Tode.

### 234
**지루하게 하다**
그 수업은 나를 죽을 만큼 지루하게 한다.

### 235
**Dat. peinlich sein**
Der Zwischenfall war mir sehr peinlich.

der Zwischenfall

### 235
**~에게 창피하다, 불쾌하다**
그 돌발 사건은 내게 아주 창피한 일이었다.

돌발 사건

### 236
**sich schämen für Akk.**
Ich schäme mich für meine hässliche Frisur.

### 236
**~가 부끄럽다**
나는 내 못난 헤어스타일이 부끄럽다.

### 237
**erleichtert**
Ich war sehr erleichtert, als ich doch noch eine gute Note bekommen habe.

### 237
**홀가분한, 한숨을 놓은**
나는 내가 그래도 좋은 성적을 받았을 때는 매우 홀가분했다.

238 ● ● ●

## sich aufregen über Akk.

Mein Bruder regt sich immer total über unfreundliche Verkäufer auf.

238

## ~에 분개하다

내 남자 형제는 불친절한 판매원들에게 항상 완전 분개한다.

---

239 ● ● ●

## sich ärgern über Akk.

Manchmal ärgere ich mich über meine eigene Dummheit.

eigen • die Dummheit

239

## ~에 화내다

가끔 나는 내 멍청함에 화가 난다.

자신의 • 멍청함

---

240 ● ● ●

## sich freuen

Wenn Hunde sich freuen, wedeln sie mit dem Schwanz.

wedeln • der Schwanz

240

## 기분이 좋다, 기뻐하다

개들은 기분이 좋으면 꼬리친다.

꼬리치다 • 꼬리

---

241 ● ● ●

## sich freuen über Akk.

Ich habe mich sehr über Ihren Besuch gefreut.

241

## ~이 기쁘다

저는 당신의 방문에 아주 기뻤습니다.

---

242 ● ● ●

## sich freuen auf Akk.

Ich freue mich schon so auf meinen Geburtstag!

242

## ~이 기대되다

나는 내 생일이 벌써 정말 기대돼!

243

**sich freuen für jmdn.**
Ich freue mich für dich!

243

**~에 대하여 기쁘다**
나는 너로 인해 기뻐! (너 정말 잘됐다!)

## 연습문제

### Menschen 인간

**1 Lies den Text und kreuze die Adjektive an, die zu Paula passen. (3 Antworten)**

Paulas Persönlichkeit

„Ich rede normalerweise nicht besonders viel, ich höre lieber zu. Ich habe nicht super viele Freunde. Ich habe ein paar sehr gute Freunde. Wenn ich mit anderen Menschen rede, lächele ich. Und wenn andere Menschen Hilfe brauchen, helfe ich ihnen. Meine Freunde sind mir sehr wichtig. Ich verbringe gerne Zeit mit meinen Freunden und ich lache gerne mit ihnen. Ich weiß, dass ich nicht alles kann. Aber ich kenne meine Talente. Und ich mag mich so, wie ich bin."

ⓐ ernst
ⓑ hilfsbereit
ⓒ gesprächig
ⓓ eingebildet
ⓔ freundlich
ⓕ selbstbewusst
ⓖ extrovertiert

**2 Ergänze die Wörter in den Sätzen. Konjugiere die Verben, wenn es nötig ist.**

> glücklich - wütend - Angst - freuen - weinen - gelaunt

ⓐ Der Film war sehr traurig. Ich musste ganz viel _____.
ⓑ Frank lächelt so viel! Ich glaube, er ist sehr _____.
ⓒ Ich habe ein bisschen _____ davor, dass ich nicht viel verstehe, wenn ich in Deutschland bin.
ⓓ Ich bin heute ein bisschen schlecht _____, weil die Arbeit stressig war und weil das Wetter schlecht ist.
ⓔ Ich bin _____ auf meine Schwester, weil sie meine Lieblingstasche kaputt gemacht hat.
ⓕ Ich _____ mich schon sehr auf meinen Urlaub.

**3 Hör dir die Audio-Aufnahmen 1-6 an und entscheide, welcher koreanische Satz dazu passt. Schreibe den passenden Buchstaben 1-6 hinter den Satz.**

Ü-3-3

ⓐ 나 긴장돼. _____
ⓑ 걱정하지 마. _____
ⓒ 그건 부끄러워. _____
ⓓ 난 네가 자랑스러워. _____
ⓔ 너 귀찮게 군다. _____
ⓕ 나 네 일에 기뻐. _____

# Beziehungen
## 관계

| Freundschaft | 우정 |
|---|---|
| 244<br>**die Freundschaft**<br>die Freundschaften<br>Unsere Freundschaft ist mir sehr wichtig. | 244<br>우정<br><br>우리 우정은 내게 매우 중요하다. |
| 245<br>**sich anfreunden** (mit jmdm.)<br>Ich habe mich mit meiner Arbeitskollegin angefreundet. | 245<br>(~와) 친하게 되다<br><br>나는 내 직장 동료와 친해졌다. |
| 246<br>**Freunde finden**<br>Im Studium habe ich viele neue Freunde gefunden. | 246<br>친구를 사귀다<br><br>나는 전공 공부를 하면서 많은 새로운 친구들을 사귀었다. |
| 247<br>**Leute kennenlernen**<br><br>Ich lerne gerne Leute kennen. | 247<br>사람들을 사귀다, 사람들을 알게 되다<br>나는 사람 사귀기를 좋아한다. |

248

**befreundet sein** (mit jmdm.)

Bist du eigentlich mit Hannah befreundet?

248

(~와) 친분이 있다

너 원래 Hannah랑 친분이 있어?

249

**Freunde sein**

Eva und ich sind Freunde.

249

친구이다, 친구사이다

Eva와 나는 친구이다.

250

**der beste Freund**

Ich denke, ich habe keinen besten Freund.

250

단짝 친구(남)

내 생각에 나는 단짝 친구가 없어.

251

**die beste Freundin**

Eva ist meine beste Freundin.

251

단짝 친구(여)

Eva는 내 단짝 친구이다.

252

**ein Freund von mir**

Ich war gestern mit einem Freund von mir im Kino.

252

(성별이 남자인) 내 친구 (남사친)

나는 어제 내 친구와 영화관에 갔다.

| 253 ●●● | 253 |
|---|---|
| **eine Freundin von mir** | (성별이 여자인) 내 친구 (여사친) |
| Eine Freundin von mir heiratet morgen. | 내 친구가 내일 결혼한다. |
| heiraten | 결혼하다 |

| 254 ●●● | 254 |
|---|---|
| **der Freundeskreis** die Freundeskreise | 친구 관계, 친구 무리 |
| In meinem Freundeskreis raucht niemand. | 내 친구 무리 중에 아무도 담배를 피우지 않는다. |

| 255 ●●● | 255 |
|---|---|
| **der Bekannte** die Bekannten | 지인(남) |
| Ein Bekannter ist vor Kurzem bei einem Autounfall ums Leben gekommen. | 내 지인이 방금 자동차 사고로 목숨을 잃었다. |
| vor Kurzem • ums Leben kommen | 방금 • 목숨을 잃다 |

| 256 ●●● | 256 |
|---|---|
| **die Bekannte** die Bekannten | 지인(여) |
| Eine Bekannte von mir ist vor zwei Jahren nach Mexiko gezogen. | 내 지인이 2년 전 멕시코로 이주했다. |

| 257 ●●● | 257 |
|---|---|
| **Zeit zusammen verbringen** | 함께 시간을 보내다 |
| Die beiden verbringen sehr viel Zeit zusammen. | 그 둘은 아주 많은 시간을 함께 보낸다. |

### 258
**Zeit verbringen** (mit jmdm.)
Am Wochenende verbringe ich gerne Zeit mit meinen Freunden.

### 258
(~와) 시간을 보내다
주말에 나는 내 친구들과 시간 보내기를 좋아한다.

### 259
**sich treffen** (mit jmdm.)
Ich treffe mich ungefähr einmal im Monat mit meinen Schulfreunden.

ungefähr • der Schulfreund

### 259
(~와) 만나다
나는 대략 한 달에 한 번 내 동창들과 만난다.

대략 • 동창

### 260
**sehen**
Wir sehen uns nur ungefähr alle drei Monate.

### 260
보다, 만나다
우리는 서로 겨우 대략 세 달에 한 번 본다.

### 261
**sich gut verstehen** (mit jmdm.)
Er versteht sich sehr gut mit seinen Mitbewohnern.

### 261
(~와) 서로 잘 이해하다, 친하다
걔는 그의 동거인들과 매우 친하다.

### 262
**kennenlernen**
Ich habe meinen besten Freund in der Schule kennengelernt.

### 262
(처음 만나) 알다
나는 내 단짝 친구를 학교에서 (처음 만나) 알게 되었다.

263

**kennen**

Wir kennen uns schon seit zehn Jahren.

263

알다, 알고 지내다

우리는 벌써 10년째 서로 알고 지낸다.

264

**sich streiten** (mit jmdm.)

Ich habe mich letzte Woche mit meiner Freundin Valerie gestritten.

264

(~와) 싸우다

나는 지난주에 여자 친구 Valerie와 싸웠다.

265

der **Streit** die Streite

Der Streit war ganz schön schlimm.

265

싸움

그 싸움은 완전 아주 심했다.

266

**sich versöhnen** (mit jmdm.)

Gestern haben wir uns wieder versöhnt.

266

(~와) 화해하다

어제 우리는 다시 화해했다.

267

**sich vertragen**

Anna und ich vertragen uns gut.

267

사이좋게 지내다

Anna와 나는 서로 사이좋게 지낸다.

268

## Spaß haben
Wenn ich mich mit meiner besten Freundin treffe, haben wir viel Spaß zusammen.

268

재미있어하다
내가 내 단짝 친구를 만날 때면, 우리는 함께 아주 재미있어한다.

269

## sich unterhalten (mit jmdm.)
Mit meinen Freunden unterhalte ich mich meistens über das Leben.

269

(~와) 얘기를 나누다
나는 내 친구들과 주로 인생에 관해 얘기를 나눈다.

270

## sich verabreden (mit jmdm.)
Sollen wir uns mal wieder verabreden?

270

(~와) 약속을 잡다
우리 다시 약속 잡을래?

271

## reden (mit jmdm.)
Ich kann mit meiner Freundin über alles reden.

271

(~와) 대화하다
나는 내 여자 친구와 모든 것에 관해 대화할 수 있다.

272

## quatschen (mit jmdm.)
Hast du Lust, heute Nachmittag zum Quatschen vorbeizukommen?

vorbeikommen

272

(~와) 떠들다, 잡담하다, 수다를 떨다
너 오늘 오후에 얘기 나누러 들르고 싶니?

들르다

Freundschaft  우정

| Liebe | 사랑 |
|---|---|

**273** ●●●

### die **Liebe**
Unsere Liebe ist so stark, dass uns nichts trennen kann.

trennen

**273**

### 사랑
우리의 사랑은 너무나 강해서 아무것도 우리를 떼어 놓을 수 없어.

떼어 놓다

---

**274** ●●●

### der **Traummann**
Mein Traummann ist groß und gutaussehend.

gutaussehend

**274**

### 이상형(남)
내 이상형은 키가 크고 잘생긴 사람이야.

잘생긴

---

**275** ●●●

### die **Traumfrau**
Meine Traumfrau ist meine Freundin.

**275**

### 이상형(여)
내 이상형은 내 여자 친구야.

---

**276** ●●●

### (et)was von jmdm. wollen ugs.
Willst du was von Lars?

**276**

### ~에게 뭔가를 원하다 (일상 용어)
너 Lars한테 뭐 원하는 게 있어?

---

**277** ●●●

### stehen auf Akk. ugs.
Ich stehe auf die Frau.

**277**

### ~에 끌리다 (일상 용어)
나는 그 여자에게 끌려.

278 ● ● ●

der **Freund** die Freunde

Hat Laura eigentlich einen Freund?

278

친구(남)

Laura가 원래 친구가 있었나?

279 ● ● ●

die **Freundin** die Freundinnen

Lorenz hat seine erste feste Freundin.

die feste Freundin

279

친구(여)

Lorenz는 첫 여자 친구가 생겼다.

여자 친구

280 ● ● ●

**Single sein**

Mir gefällt es, Single zu sein.

280

혼자이다, 사귀는 사람이 없다

나는 혼자 지내는 게 좋아.

281 ● ● ●

die **Beziehung** die Beziehungen

Ist der Typ aus dem Fitnessstudio in einer Beziehung?

in einer Beziehung sein

281

관계, 교제

피트니스 스튜디오에서 나온 저 녀석 연애하나?

연애하다

282 ● ● ●

die **Fernbeziehung**

die Fernbeziehungen

Eine Fernbeziehung ist eine Beziehung, in der die Partner nicht in der Nähe wohnen.

282

장거리 교제

장거리 교제는 상대방이 가까이 거주하지 않는 교제 관계이다.

283 ● ● ●

**ein Date haben**

Ich habe morgen ein Date.

283

데이트하다

나 내일 데이트해.

284 ● ● ●

**zusammen sein** (mit jmdm.)

Mein Freund und ich sind schon seit über einem Jahr zusammen.

284

(~와) 사귀다

내 남자 친구와 나는 벌써 일 년 넘게 사귀는 중이야.

285 ● ● ●

**zusammenkommen** (mit jmdm.)

Wir sind letztes Jahr im Mai zusammengekommen.

285

(~와) 사귀게 되다

우리는 작년에 5월에 사귀게 되었어.

286 ● ● ●

**das Paar** die Paare

Wusstest du, dass Herr Schmitz und Frau Krause ein Paar sind?

286

연인, 부부, 쌍

너 Schmitz 씨가 Krause 씨와 부부인 거 알았어?

287 ● ● ●

**das Pärchen** die Pärchen

Die beiden sind ein süßes Pärchen.

287

연인 (다른 사람을 지칭할 때)

저 둘은 귀여운 연인이야.

### 288
**sich verlieben** (in Akk.)
Als ich ihn das erste Mal gesehen habe, habe ich mich sofort in ihn verliebt.

### 288
(~와) 사랑에 빠지다
내가 걔를 처음 봤을 때, 바로 걔한테 사랑에 빠졌다.

### 289
**verliebt sein** (in Akk.)
Nach 5 Jahren sind sie immer noch wie frisch verliebt.

### 289
(~와) 사랑에 빠져 있다
5년이 지났지만 그들은 여전히 열렬히 사랑에 빠져 있다.

### 290
**Liebe auf den ersten Blick**
Ich glaube nicht an Liebe auf den ersten Blick.

glauben an Akk.

### 290
첫눈에 반함
나는 첫눈에 반한다는 걸 안 믿어.

~을 믿다

### 291
**die Liebe des Lebens**
Marius ist die Liebe meines Lebens.

### 291
천생연분
Marius는 내 천생연분이야.

### 292
**küssen**
Wir haben uns den Sonnenuntergang angesehen und dann hat er mich das erste Mal geküsst.

der Sonnenuntergang

### 292
입 맞추다, 키스하다
우리는 일몰을 바라보았고, 그러고 나서 걔는 내게 처음으로 입 맞췄어.

일몰

293 ● ● ●

## Händchen halten
Im Park sind so viele Pärchen und die halten alle Händchen.

293

## 손을 잡다
공원에는 아주 많은 연인들이 있으며 그들 모두 손을 잡고 있다.

294 ● ● ●

## eifersüchtig sein (auf jmdn.)
Mein Freund wird schnell eifersüchtig.

294

## (~에) 질투하다
내 남자 친구는 곧바로 질투할 것이다.

295 ● ● ●

## fremdgehen (mit jmdm.) ugs.
Florian ist mit seiner Arbeitskollegin fremdgegangen.

295

## (~와) 바람을 피우다 (일상 용어)
Florian은 회사 동료와 바람을 피웠다.

296 ● ● ●

## betrügen
Ich habe herausgefunden, dass mein Freund mich betrogen hat.

herausfinden

296

## 거짓말하다
나는 내 남자 친구가 내게 거짓말했다는 것을 알아냈다.

알아내다

297 ● ● ●

## eine Affäre haben
Er hatte mal eine Affäre.

297

## 바람을 피우다
걔는 바람을 피운 적이 있었다.

298

**sich trennen** (von jmdm.)

Meine Freundin und ich haben uns gestern getrennt.

298

(~와) 헤어지다

내 여자 친구와 나는 어제 헤어졌다.

299

der **Ex-Freund** die Ex-Freunde

Mein Ex-Freund hat jetzt eine neue Freundin.

299

전 남자 친구

내 전 남자친구는 지금 새 여자 친구가 있다.

300

die **Ex-Freundin**
die Ex-Freundinnen

Ich bin immer noch mit meiner Ex-Freundin befreundet.

300

전 여자 친구

나는 여전히 내 전 여자 친구와 친하다.

301

die **Trennung** die Trennungen

Die Trennung von meinem Freund war sehr schmerzhaft.

schmerzhaft

301

결별

남자 친구와 결별한 것은 아주 가슴이 아팠다.

가슴 아픈

302

(mit jmdm.) **zusammenziehen**

Wir sind zusammengezogen, weil wir die ganze Zeit zusammen sein wollten.

302

(~와) 살림을 합치다

우리는 살림을 합쳤는데, 내내 함께 있고 싶어 했기 때문이야.

| | |
|---|---|
| 303 ● ● ● **zusammenwohnen** (mit jmdm.)<br>Seitdem ich mit meinem Freund zusammenwohne, geht mir sein Schnarchen total auf die Nerven.<br><br>das Schnarchen | 303<br>(~와) 함께 살다<br>내가 내 남자 친구와 함께 산 뒤로 걔 코 고는 소리가 아주 신경에 거슬려.<br><br>코골이 |
| 304 ● ● ● **sich verloben** (mit jmdm.)<br>Leon und ich haben uns verlobt. | 304<br>(~와) 약혼하다<br>레온하고 나는 약혼했어. |
| 305 ● ● ● **jmdm. einen Heiratsantrag machen**<br>Er hat mir letztes Wochenende einen Heiratsantrag gemacht. | 305<br>~에게 청혼하다<br>걔는 내게 지난 주말에 청혼했어. |
| 306 ● ● ● **heiraten**<br>Ich habe meinen Mann 2017 geheiratet. | 306<br>결혼하다<br>나는 내 남편과 2017년에 결혼했어. |
| 307 ● ● ● **verheiratet** (mit jmdm.)<br>Wir sind jetzt schon seit 4 Jahren verheiratet. | 307<br>(~와) 결혼한 상태인<br>우리는 지금 벌써 4년째 결혼한 상태야. |

308

**ledig**
Ich bin ledig, aber ich habe einen Freund.

308

독신의
나는 독신이지만 친구는 있어.

309

**sich scheiden lassen** (von jmdm.)
Er hat sich letztes Jahr nach 15 Jahren Ehe von seiner Frau scheiden lassen.

309

(~와) 이혼하다
걔는 지난해 부부 생활 15년 만에 아내와 이혼했어.

310

**geschieden sein** (von jmdm.)
Ich bin geschieden und habe zwei Kinder.

310

(~와) 이혼한 상태이다
나는 이혼한 상태이고 아이가 둘 있어.

311

**verwitwet**
Herr Kramer ist verwitwet.

311

배우자와 사별한
Krammer 씨는 배우자와 사별했다.

312

der **Witwer** die Witwer
Der Witwer von Frau Krause geht nie aus dem Haus.

312

상배 남성(배우자와 사별한 남성)
Krause 씨의 상배 남성은 집 밖으로 전혀 나오지 않는다.

Liebe 사랑

### 313 ● ● ●
**die Witwe** die Witwen
Meine Nachbarin ist seit zehn Jahren Witwe.

### 313
상배 여성(배우자와 사별한 여성)
내 이웃은 10년째 상배 여성이다.

---

### 314 ● ● ●
**der Lebensgefährte**
die Lebensgefährten
Mein Lebensgefährte und ich sind jetzt schon seit 20 Jahren zusammen.

### 314
반려자(남)
반려자와 나는 이제 벌써 20년째 사귀고 있다.

---

### 315 ● ● ●
**die Lebensgefährtin**
die Lebensgefährtinnen
Meine Lebensgefährtin ist Ärztin von Beruf.

### 315
반려자(여)
내 반려자는 직업이 의사이다.

---

### 316 ● ● ●
**der Mann** die Männer
Mein Mann kommt abends oft spät nach Hause, weil er viel arbeitet.

### 316
남자, 남편
내 남편은 일을 많이 해서 저녁에 자주 늦게 집에 온다.

---

### 317 ● ● ●
**die Frau** die Frauen
Meine Frau und ich sehen uns abends immer zusammen Serien an.

### 317
여자, 아내
아내와 나는 저녁에 항상 함께 드라마를 본다.

318

**das Ehepaar** die Ehepaare
Das junge Ehepaar aus dem vierten Stock bekommt bald ein Kind.

318

부부
4층에 사는 그 젊은 부부는 곧 아이가 생긴다.

319

**der Partner** die Partner
Ich hatte ein bisschen Angst davor, meinem Partner zu erzählen, dass ich kein Geld mehr habe.

319

파트너, 반려자(남)
나는 내 반려자에게 더는 돈이 없다고 말하기가 조금 겁나.

320

**die Partnerin** die Partnerinnen
Ich wusste gar nicht, dass meine Partnerin diese Wohnung kaufen wollte.

320

파트너, 반려자(여)
나는 내 반려자가 이 집을 사고 싶어 했는지 전혀 몰랐어.

| Familie | 가족 |
| --- | --- |

321

**der Verwandte** die Verwandten
Die meisten meiner Verwandten sind sehr nett.

321

친척(남)
내 친척 대부분은 아주 착하다.

322

**die Verwandte** die Verwandten
Eine Verwandte von mir lebt in den USA.

322

친척(여)
내 친척 한 명은 미국에 산다.

### 323 ● ● ●
**die Verwandtschaft**
die Verwandtschaften
Meine gesamte Verwandtschaft kommt an Chuseok zu Besuch.
gesamt • zu Besuch kommen

### 323
친족, 친척
내 모든 친척은 추석에 방문하러 온다.
모든 • 방문 오다

### 324 ● ● ●
**der Onkel** die Onkel
Der Bruder meiner Mutter ist mein Onkel.

### 324
부모의 남자 형제
내 어머니의 남자 형제는 나의 삼촌이다.

### 325 ● ● ●
**die Tante** die Tanten
Die Schwester von meinem Vater ist meine Tante.

### 325
부모의 여자 형제
내 아버지의 여자 형제는 나의 고모이다.

### 326 ● ● ●
**der Cousin** die Cousins
Der Sohn meiner Tante ist mein Cousin.

### 326
사촌(남)
내 고모/이모의 아들은 내 사촌이다.

### 327 ● ● ●
**die Cousine** die Cousinen
Die Tochter meiner Tante ist meine Cousine.

### 327
사촌(여)
내 고모/이모의 딸은 내 사촌이다.

328

### der Neffe die Neffen

Das ist der jüngste Sohn meiner Schwester, mein Neffe Fabian.

328

### 조카(남)

쟤는 내 여자 형제의 막내아들인, 내 조카 Fabian이야.

329

### die Nichte die Nichten

Das ist die älteste Tochter meiner Schwester, meine Nichte Alex.

329

### 조카(여)

쟤는 내 여자 형제의 맏딸인, 내 조카 Alex야.

330

### der Großonkel die Großonkel

Das ist mein Großonkel, der Bruder meiner Oma.

330

### 종조부

여기는 제 종조부, 저희 할머니의 남자 형제입니다.

331

### die Großtante die Großtanten

Meine Großtante ist schon vor 10 Jahren gestorben.

sterben

331

### 종조모

내 종조모는 벌써 10년 전에 돌아가셨다.

죽다

332

### der Urgroßvater die Urgroßväter

Mein Urgroßvater lebt immer noch, obwohl er Kettenraucher ist.

der Kettenraucher

332

### 증조부

내 증조부는 줄담배를 피우는데도 아직 살아 계신다.

줄담배 피우는 사람, 골초

| | |
|---|---|
| 333 ●●● <br> die **Urgroßmutter** <br> die Urgroßmütter <br> Ich habe meine Urgroßmutter noch kennengelernt. | 333 <br> 증조모 <br><br> 나는 내 증조모와 알고 지냈다. |
| 334 ●●● <br> der **Schwager** <br> die Schwager <br> Mein Schwager ist sehr extrovertiert und lustig. <br> extrovertiert | 334 <br> 형제의 남자 배우자, <br> 배우자의 남자 형제 <br> 내 매부는 매우 외향적이고 재미있다. <br> 외향적인 |
| 335 ●●● <br> die **Schwägerin** <br> die Schwägerinnen <br> Meine Schwägerin ist sehr lieb und hilfsbereit. <br> hilfsbereit | 335 <br> 형제의 여자 배우자, <br> 배우자의 여자 형제 <br> 내 형수/제수는 아주 행실이 좋고 남 돕기를 좋아한다. <br> 돕기를 좋아하는 |
| 336 ●●● <br> die **Schwiegereltern** <br> Ich liebe meinen Mann, aber meine Schwiegereltern gehen mir auf die Nerven. | 336 <br> 배우자의 부모 <br><br> 나는 남편을 사랑하지만 내 시부모는 아주 신경 쓰인다. |
| 337 ●●● <br> der **Schwiegervater** <br> die Schwiegerväter <br> Mein Schwiegervater redet immer nur über Autos. | 337 <br> 배우자의 아버지 <br><br> 내 배우자의 아버지는 항상 자동차에 관해서만 이야기한다. |

338 ● ● ●

### die **Schwiegermutter**
die Schwiegermütter

Meine Schwiegermutter regt sich immer darüber auf, dass es bei uns in der Wohnung nicht ordentlich ist.

338

### 배우자의 어머니

내 배우자의 어머니는 우리 집이 정돈되어 있지 않다고 항상 불평한다.

339 ● ● ●

### **Stief-**

Meine Mutter hat meinen Stiefvater letztes Jahr geheiratet.

339

### 의붓-

내 어머니는 내 의붓아버지와 작년에 결혼했다.

# 연습문제

## Beziehungen 관계

**1** Lies den Text und ergänze die Wörter. Konjugiere die Verben, wenn es nötig ist.

> streiten - Spaß - versöhnen - kennen - befreundet - verstehen

Laura ist meine beste Freundin. Wir ⓐ_____ uns schon seit dem Kindergarten und sind jetzt seit mehr als 20 Jahren ⓑ_____. Wir haben ähnliche Interessen und einen ähnlichen Humor. Deshalb haben wir immer viel ⓒ_____ zusammen. Wir ⓓ_____ uns nicht immer gut. Manchmal ⓔ_____ wir uns. Aber danach ⓕ_____ wir uns auch immer wieder schnell.

**2** Hör dir die Audio-Aufnahme an und beantworte die Fragen.

Ü-4-2

ⓐ Wann ist sie mit Sven zusammengekommen?

_____

ⓑ War es Liebe auf den ersten Blick?

☐ ja   ☐ nein

ⓒ War Sven eifersüchtig?

☐ ja   ☐ nein

ⓓ Bis wann war sie mit Sven zusammen?

_____

ⓔ Ist Sven jetzt Single?

☐ ja   ☐ nein

## 3 Ergänze die richtigen Wörter.

예) Der Bruder meiner Mutter ist mein <u>Onkel</u>.

ⓐ Der Sohn meines Onkels ist mein _____.
ⓑ Die Mutter meines Mannes ist meine _____.
ⓒ Der neue Mann meiner Mutter ist mein _____.
ⓓ Die Schwester meines Vaters ist meine _____.
ⓔ Der Bruder meiner Frau ist mein _____.

# Kleidung & Shopping
## 의류와 쇼핑

| Kleidung | 옷 |
|---|---|
| 340 ● ● ●<br>**die Mode** die Moden<br>Ich interessiere mich nicht für Mode.<br>sich interessieren für Akk. | 340<br>**유행**<br>나는 유행에 관심이 없다.<br>~에 관심 있다 |
| 341 ● ● ●<br>**tragen**<br>Zu Hause trage ich am liebsten etwas Bequemes.<br>etwas Bequemes | 341<br>**입고 있다**<br>집에서 나는 편안한 걸 입기를 가장 좋아한다.<br>편안한 것 |
| 342 ● ● ●<br>**anziehen**<br>Was ziehst du heute an? | 342<br>**입다**<br>너 오늘 뭐 입어? |
| 343 ● ● ●<br>**sich anziehen**<br>Hast du dich immer noch nicht angezogen? | 343<br>**옷을 입다**<br>너 아직도 옷 안 입었어? |

344

### sich³ etwas anziehen
Ich ziehe mir heute mein neues Kleid an.

344

### ~을 입다
나는 오늘 새 원피스를 입는다.

345

### die Kleidung
Ich kaufe mir vielleicht alle drei Monate neue Kleidung.

vielleicht

345

### 옷 (단수로만 사용)
나는 아마 석 달에 한 번 새 옷을 사는 것 같아.

아마

346

### das Kleidungsstück
die Kleidungsstücke
Ich besitze nur 20 Kleidungsstücke.

besitzen

346

### 옷가지
나는 옷가지를 20벌만 가지고 있다.

소유하다

347

### das Outfit  die Outfits
Dein Outfit sieht heute sehr cool aus!

347

### 의상, 옷차림
오늘 네 의상이 아주 멋져 보인다!

348

### der Stil  die Stile
Ich mag deinen Stil.

348

### 풍, 형, 스타일
난 네 스타일이 좋아.

Kleidung 옷

349

die **Jeans** die Jeans
Am Wochenende trägt er gerne Jeans.

349

청바지
걔는 주말에는 청바지 입기를 좋아한다.

350

das **Langarmshirt**
die Langarmshirts
Ich besitze Langarmshirts in allen möglichen Farben.

350

긴소매 셔츠

나는 긴소매 셔츠를 가능한 모든 색으로 가지고 있다.

351

das **Hemd** die Hemden
Ich muss mein Hemd noch bügeln!

bügeln

351

셔츠
나 내 셔츠도 다려야 해!

다리다

352

die **Bluse** die Blusen
Auf der Arbeit trägt sie immer eine Bluse.

352

블라우스
직장에서 걔는 항상 블라우스를 입고 있어.

353

der **Anzug** die Anzüge
Zu besonderen Anlässen trägt er einen Anzug.

der Anlass

353

정장
특별한 행사 때 걔는 정장을 입어.

행사

### 354
**der Blazer** die Blazer
Zu meiner rosa Bluse trage ich gern meinen grauen Blazer.

### 354
블레이저
나는 분홍색 블라우스에 회색 블레이저를 입는 걸 좋아해.

### 355
**das Jackett** die Jacketts
Ich finde, das braune Jackett steht ihm am besten.

### 355
정장 상의
내 생각에 저 갈색 정장 상의가 걔한테 가장 잘 어울려.

### 356
**die Krawatte** die Krawatten
Deine gelbgrüne Krawatte sieht total schlimm aus.

### 356
넥타이
네 연두색 넥타이는 정말 별로야.

### 357
**die Fliege** die Fliegen
Ich finde Krawatten zu langweilig, deshalb trage ich lieber Fliegen.
langweilig

### 357
나비넥타이
넥타이가 너무 식상하다고 생각해서, 오히려 나는 나비넥타이를 즐겨해.
식상한, 재미없는

### 358
**die Socke** die Socken
Hast du irgendwo eine rote Socke gesehen?

### 358
양말
너 어딘가에서 빨간 양말 봤어?

### 359
**der Strumpf** die Strümpfe
Im Winter ziehe ich gerne lange Strümpfe an.

### 359
스타킹
겨울에 나는 긴 스타킹 신기를 좋아한다.

### 360
**die Strumpfhose**
die Strumpfhosen
Zieh dir besser eine Strumpfhose unter das Kleid an.

### 360
팬티스타킹
너 차라리 그 원피스 안에 팬티스타킹을 신어.

### 361
**die Leggings** die Leggings
Du kannst im Büro doch keine Leggings tragen!

### 361
레깅스
너 사무실에서 레깅스를 입을 순 없어!

### 362
**die Unterwäsche**
Sogar meine Unterwäsche ist im Regenguss nass geworden!

der Regenguss

### 362
속옷
내 속옷까지도 소나기에 젖었어!

소나기

### 363
**der BH** die BHs
BHs sind alle so unbequem.

### 363
브래지어
모든 브래지어는 정말 불편해.

90　Kleidung & Shopping

364

**der Turnschuh** die Turnschuhe
Ich liebe meine Turnschuhe von Adidas.

364

운동화
나는 내 아디다스 운동화를 사랑해.

365

**der Absatz** die Absätze
Ich trage nicht gerne Schuhe mit hohen Absätzen.

365

뒷굽
나는 뒷굽이 높은 신발 신는 거 안 좋아해.

## Accessoires | 장신구

366

**der Schal** die Schals
Wenn es besonders kalt ist, trage ich auch drinnen einen Schal.

366

목도리
유난히 추울 때는 나는 안에 목도리도 두른다.

367

**die Mütze** die Mützen
Im Winter ziehe ich mir immer eine Mütze an, weil ich nicht will, dass meine Ohren kalt werden.

367

(챙이 없는) 모자
겨울에 나는 항상 모자를 쓰는데, 귀가 시리게 하고 싶지 않기 때문이야.

368

**der Hut** die Hüte
Ich habe mir für die Hochzeit einen großen Hut gekauft.

368

(챙이 있는) 모자
나는 결혼식에 쓸 큰 모자를 샀다.

### 369

**der Handschuh** die Handschuhe

Wie findest du meine neuen Lederhandschuhe?

das Leder

### 369

장갑

내 새로운 가죽 장갑 어때?

가죽

---

### 370

**die Handtasche**

die Handtaschen

Meine Schwester liebt Handtaschen.

### 370

손가방

내 여자 형제는 손가방을 사랑해.

---

### 371

**der Rucksack** die Rucksäcke

Wenn ich zur Uni gehe, nehme ich einen Rucksack mit.

### 371

배낭

나는 대학교에 갈 때 배낭을 하나 가져간다.

---

### 372

**die Sonnenbrille**

die Sonnenbrillen

Im Sommer trage ich gerne Sonnenbrillen, weil mir die Sonne zu hell ist.

hell

### 372

선글라스

여름에 나는 선글라스를 즐겨 쓰는데, 해가 너무 밝기 때문이야.

밝은

---

### 373

**der Gürtel** die Gürtel

Zu braunen Schuhen darf man keinen schwarzen Gürtel tragen.

### 373

허리띠

갈색 신발에는 검은색 허리띠를 매면 안 돼.

374

die **Armbanduhr**
die Armbanduhren
Mein Mann hat fünf verschiedene teure Armbanduhren.

verschieden

374

손목시계

내 남편은 각각 다른 비싼 손목시계가 다섯 개 있어.

서로 다른

375

der **Schmuck**
Ich trage nicht gerne Schmuck.

375

장신구

나는 장신구를 차는 걸 안 좋아해.

376

der **Ring** die Ringe
Seit ich verheiratet bin, trage ich meinen Ehering jeden Tag.

376

반지

나는 결혼한 이래로 내 결혼반지를 맨날 껴.

377

das **Armband** die Armbänder
Das blaue Armband hat mir meine beste Freundin geschenkt.

377

팔찌

내 단짝 친구가 내게 그 파란 팔찌를 선물했어.

378

die **Kette** die Ketten
Diese gelbe Kette würde ich gerne kaufen.

378

목걸이

난 이 노란 목걸이를 사고 싶어.

379

**der Ohrring** die Ohrringe
Ich finde diese roten Ohrringe schön.

379

귀걸이
나 이 빨간 귀걸이가 예쁘다고 생각해.

| Stil | 스타일, 양식 |
|---|---|

380

**jmdm. stehen**
Ich finde, das schwarze Kleid steht dir richtig gut.

380

~에게 어울리다
내 생각에 그 검은 원피스는 너한테 정말 어울려.

381

**zu Dat. passen**
Der Rock ist schön, aber ich finde, er passt irgendwie nicht so gut zu dir.

381

~와 잘 어울리다
그 치마 예쁘긴 한데 내 생각에는 어딘가 너랑 잘 안 어울리는 것 같아.

382

**schick**
Bei uns im Büro tragen alle schicke Schuhe.

382

세련된
우리 사무실에서는 다들 세련된 신발을 신는다.

383

**formell**
Auf der Arbeit trage ich formelle Kleidung, um professionell zu wirken.

professionell • wirken

383

격식을 갖춘
직장에서 나는 전문적으로 보이려고 격식을 갖춘 옷을 입는다.

전문적인 • ~하게 보이다

**384**

# klassisch
Ich denke, mein Stil ist sehr klassisch.

**384**

## 고전적인
내 생각에 내 스타일은 아주 고전적이야.

---

**385**

# schlicht
Ich mag schlichte Kleidung.

**385**

## 단순한, 소박한, 수수한
나는 소박한 옷을 좋아해.

---

**386**

# einfarbig
Ich trage nur einfarbige Kleidung.

**386**

## 단색인
나는 단색 옷만 입어.

---

**387**

# bunt
All meine Outfits sind eigentlich immer bunt.

**387**

## 알록달록한
내 모든 옷차림은 사실 항상 알록달록해.

---

**388**

# lässig
Ich mag lässige Kleidung.

**388**

## 자연스러운, 편한
나는 편한 옷을 좋아해.

389 ● ● ●

**sportlich**

Ich mag sportliche Kleidung.

389

활동적인

나는 활동적인 옷을 좋아해.

---

390 ● ● ●

**bequem**

Ich finde, Kleidung muss bequem sein.

390

편안한

내 생각에 옷은 편안해야 해.

---

391 ● ● ●

**elegant**

Ab und zu trage ich auch ein elegantes Kleid.

ab und zu

391

우아한

가끔 나는 우아한 원피스도 입는다.

가끔

---

392 ● ● ●

**abgetragen**

Meine Kleidung ist alt und abgetragen.

392

누추한

내 옷은 낡고 누추해.

---

| Passform | 치수 |
|---|---|

393 ● ● ●

**passen**

Mein Anzug passt mir nicht mehr.

393

맞다

내 정장은 더 이상 내게 맞지 않아.

### 394
**sitzen**
Die Hose sitzt perfekt!

### 394
앉아 있다, 어울리다
그 바지 완벽하게 어울린다!

### 395
die **Größe** die Größen
Haben Sie dieses Hemd vielleicht noch in Größe L?

### 395
크기, 치수, 사이즈
이 셔츠 혹시 L 사이즈로도 있나요?

### 396
**weit**
Die Bluse ist mir zu weit.

### 396
헐렁한
이 블라우스는 나한테 너무 헐렁해.

### 397
**eng**
Ich glaube, das T-Shirt ist dir zu eng.

### 397
끼이는
내 생각에 그 티셔츠는 너한테 너무 끼이는 거 같아.

### 398
**groß**
Die Jacke ist mir zu groß.

### 398
큰
이 재킷이 나한테 너무 커.

399

**klein**

Diese Jeans ist mir zu klein.

399

**작은**

이 청바지는 나한테 너무 작아.

400

**zunehmen**

Ich glaube, ich habe zugenommen.

400

**살찌다**

내 생각에 나 살쪘어.

401

**abnehmen**

Hast du abgenommen?

401

**살 빠지다**

너 살 빠졌어?

402

**wachsen**

Mein Sohn ist in den letzten Monaten viel gewachsen.

402

**자라다**

내 아들은 지난 몇 달 동안 많이 자랐다.

| Shopping | 쇼핑 |
| --- | --- |

403

**der Onlineshop** die Onlineshops

Kleidung bestelle ich normalerweise immer in diesem Onlineshop.

403

**온라인샵**

옷을 나는 보통 항상 이 온라인샵에서 주문해.

**404**

# online

Ich kaufe Kleidung eigentlich immer online.

**404**

# 온라인으로

나 옷을 원래 항상 온라인으로 사.

---

**405**

# im Internet

Wenn man Kleidung im Internet kauft, hat man eine sehr große Auswahl.

die Auswahl

**405**

# 인터넷에서

옷을 인터넷에서 사면 엄청 큰 선택의 폭이 있다.

선택

---

**406**

# in den Warenkorb legen

Den Rock lege ich auch in den Warenkorb.

**406**

# 장바구니에 넣다

나는 치마도 장바구니에 넣는다.

---

**407**

# auswählen

Bevor du das in den Warenkorb legen kannst, musst du noch eine Farbe auswählen.

**407**

# 고르다

그걸 장바구니에 넣기 전에, 너는 우선 색을 골라야 해.

---

**408**

# bestellen

Danach kannst du die Kleidung bequem nach Hause bestellen.

**408**

# 주문하다

그러고 나서 너는 옷을 편안하게 집으로 주문할 수 있어.

| | |
|---|---|
| **409** ●●● **eine Bestellung abschicken**<br>Dann schicke ich die Bestellung jetzt ab. | **409**<br>주문을 넣다,<br>주문서를 발송하다<br>그럼 내가 이제 주문을 넣을게. |
| **410** ●●● **eine Bestellung stornieren**<br>Du kannst die Bestellung ja noch stornieren. | **410**<br>주문을 취소하다<br>너는 주문을 물론 취소할 수도 있지. |
| **411** ●●● die **Bestätigung**<br>die Bestätigungen<br>Die Bestätigung bekommt man per E-Mail. | **411**<br>확인서<br>이 확인서를 이메일로 받습니다. |
| **412** ●●● das **Paket** die Pakete<br>Ich warte jetzt schon seit zwei Wochen auf ein Paket.<br>warten auf Akk. | **412**<br>소포<br>나는 지금 벌써 이 주째 소포를 기다리고 있어.<br>~을 기다리다 |
| **413** ●●● die **Versandkosten** Pl.<br>Denk daran, dass die Versandkosten noch dazukommen.<br>denken an Akk. • dazukommen | **413**<br>배송비<br>배송비가 더 추가된다는 거 생각해.<br>~을 생각하다 • 추가되다 |

### 414
**gratis**
Schau, hier gibt es einen Tester gratis.
schauen • es gibt Akk.

### 414
무료로 (서술 용법*으로만 사용)
봐, 여기 무료 체험품이 있어.
보다 • ~이 있다

### 415
**umsonst** ugs.
Ich kann hier umsonst wohnen?

### 415
공짜로, 의미 없이
(서술 용법으로만 사용, 일상 용어)
나 여기에서 공짜로 거주할 수 있나?

### 416
**kostenlos**
Bei diesem Onlineshop ist der Versand kostenlos.

### 416
무료의
이 온라인샵에서는 배송이 무료다.

### 417
**die Lieferung** die Lieferungen
Die Lieferung dauert fünf Werktage.
dauern • der Werktag

### 417
배송
배송은 5 영업일이 걸립니다.
소요되다 • 영업일

### 418
**verschicken**
Der Onlineshop hat das Paket vor zwei Wochen verschickt.

### 418
발송하다
이 온라인샵은 이 주 전에 소포를 보냈다.

---

\* 서술 용법: 동사와 함께 명사의 상태를 설명하는 용법으로, 명사 앞에서 어미 변화하며 직접 수식하는 한정 용법과 구분됩니다.

### 419
**liefern**
Wir liefern die Ware innerhalb von fünf Werktagen.

die Ware • innerhalb

### 419
**배달하다**
저희는 물건을 5 영업일 안에 배달합니다.

물건, 화물 • ~ 안에, 이내에

### 420
**zurückschicken**
Ich glaube, ich muss den Rock zurückschicken.

### 420
**반송하다**
내가 생각하기에 이 치마를 반송해야 해.

### 421
**anprobieren**
Ich möchte das schöne Kleid dort anprobieren.

### 421
**입어 보다**
나 이 아름다운 원피스를 저기서 입어 보고 싶어.

### 422
die **Umkleide** die Umkleiden
Entschuldigung, wo finde ich hier die Umkleiden?

### 422
**입어 보는 곳**
실례합니다. 여기 입어 보는 곳이 어딨나요?

### 423
**umtauschen**
Guten Tag, ich würde diese Bluse gerne umtauschen.

### 423
**교환하다**
안녕하세요, 저 이 블라우스를 교환하고 싶어요.

424

**reklamieren**

Guten Tag, ich würde gerne etwas reklamieren.

424

**환불하다**

안녕하세요, 저 뭐 좀 환불하고 싶어요.

# 연습문제   Kleidung & Shopping 의류와 쇼핑

**1** Hör dir die Audio-Aufnahmen 1-6 an und entscheide, welcher koreanische Satz dazu passt. Schreibe die passenden Nummern 1-6 hinter den Satz.

Ü-5-1

ⓐ 이 신발 뒷굽은 나한테 너무 높아.
ⓑ 나는 오늘 귀고리를 한다.
ⓒ 나는 알록달록한 원피스 입는 거 안 좋아해.
ⓓ 그 치마는 아쉽게도 나한테 더는 맞지 않아.
ⓔ 단순한 옷이 나한테 가장 잘 어울려.
ⓕ 나는 운동복 입는 걸 가장 좋아해.

**2** Lies den Text und ergänze die richtigen Wörter. Konjugiere die Verben, wenn es nötig ist.

> anprobieren - zurückschicken - online - passen - Größe - Auswahl

Ich mag Mode und kaufe mir gerne neue Kleidung. Ich mache das aber nicht so gerne im Geschäft. Ich kaufe meine Kleidung lieber ⓐ_____. Im Internet gibt es eine große ⓑ_____ und ich finde immer etwas Schönes. Ich kann die Kleidung zwar nicht ⓒ_____, bevor ich sie kaufe, aber das ist nicht so schlimm, weil ich meine ⓓ_____ genau kenne. Und wenn mir ein Produkt doch mal nicht so gut ⓔ_____, kann ich es ja einfach ⓕ_____.

**3 Hör dir den Dialog an und beantworte die Fragen.**
Ü-5-3

ⓐ Was möchte sie kaufen?

_____

ⓑ Und wo möchte sie das tragen?

_____

ⓒ Die Umkleiden sind bei
  ① dem Schmuck.
  ② der Unterwäsche.
  ③ den Schuhen.

ⓓ Sie braucht die Hose eine Größe
  ① kleiner.
  ② größer.

# Lebensabschnitte
# 생애 주기

| Kindheit & Jugend | 유년기와 청소년기 |
|---|---|
| 425<br>**die Kindheit**<br>In meiner Kindheit habe ich viel draußen gespielt. | 425<br>어린 시절<br>어린 시절에 나는 밖에서 많이 놀았다. |
| 426<br>**das Baby** die Babys<br>Meine Schwester bekommt nächsten Monat ihr Baby. | 426<br>아기<br>내 여자 형제는 다음 달에 아이를 낳는다. |
| 427<br>**der Säugling** die Säuglinge<br>Säuglinge brauchen rund um die Uhr Aufmerksamkeit.<br>die Aufmerksamkeit | 427<br>젖먹이, 유아<br>젖먹이들은 상시 주의가 필요하다.<br><br>주의 |
| 428<br>**das Kleinkind** die Kleinkinder<br>Warst du als Kleinkind im Kindergarten? | 428<br>어린아이<br>너 어린아이일 때 유치원 다녔어? |

### 429
**der Jugendliche** die Jugendlichen
Als Jugendlicher habe ich in meiner Freizeit immer Computerspiele gespielt.

### 429
청소년(남)
청소년일 때 나는 자유 시간에 항상 컴퓨터 게임을 했다.

### 430
**die Jugendliche** die Jugendlichen
Die Jugendliche hat zum ersten Mal Make-up gekauft.

### 430
청소년(여)
그 청소년은 처음으로 화장품을 샀다.

### 431
**die Grundschule**
die Grundschulen
In Deutschland kommen die Kinder in die Grundschule, wenn sie sechs Jahre alt sind.

### 431
초등학교(1~4학년)
독일에서는 아이가 여섯 살 때 초등학교에 간다.

### 432
**die Mittelschule** die Mittelschulen
In Korea besuchen die Kinder nach der Grundschule die Mittelschule.

### 432
중학교
한국에서는 아이가 초등학교 졸업 후 중학교에 다닌다.

### 433
**die Realschule** die Realschulen
Nach der Realschule geht man in die Berufsschule.

### 433
실업 학교(중고교)
실업 학교 졸업 후 직업학교에 간다.

434

das **Gymnasium** die Gymnasien
Nach dem Gymnasium macht man das Abitur.

das Abitur

434

인문 학교(중고교), 김나지움
김나지움 졸업 후 아비투어(졸업 시험)를 치른다.

대학 입학 자격시험

---

435

das **Schulfach** die Schulfächer
In der Schule gibt es viele Schulfächer.

435

학과목
학교에는 많은 학과목이 있다.

---

436

die **Biologie**
Biologie ist ein Fach über die Natur.

436

생물학
생물학은 자연에 관한 과목이다.

---

437

die **Chemie**
In Chemie lernt man über die Elemente.

437

화학
화학에서 원소에 관해 배운다.

---

438

die **Geografie**
Geografie befasst sich mit vielen Ländern.

sich befassen mit Dat.

438

지리학
지리학은 여러 나라와 관계가 있다.

~와 연관 있다

---

\* 과목명의 경우 문장 내에서 관사 없이 사용합니다.

**439** ● ● ●

die **Geschichte**

In Deutschland ist Geschichte ein wichtiges Schulfach.

**439**

역사

독일에서 역사는 중요한 학과목이다.

---

**440** ● ● ●

die **Mathe(matik)**

Mathematik ist für viele Schüler schwer.

**440**

수학

수학은 많은 학생에게 어렵다.

---

**441** ● ● ●

die **Musik**

Ich bin richtig schlecht in Musik.

**441**

음악

나는 음악을 진짜 못해.

---

**442** ● ● ●

die **Philosophie**

Ich freue mich schon auf den Philosophieunterricht.

**442**

철학

나는 철학 수업이 정말 기대돼.

---

**443** ● ● ●

die **Physik**

Wir haben in Physik ein Experiment gemacht.

das Experiment

**443**

물리학

우리는 물리학 수업에서 실험을 했다.

실험

444

**der Sport**

Sport ist mein Lieblingsfach.

444

체육

체육은 내가 가장 좋아하는 학과목이야.

445

**zur Schule gehen**

Ich gehe noch zur Schule.

445

학교에 가다, 학교에 다니다

나는 여전히 학교에 다닌다.

446

**die Schulzeit** die Schulzeiten

Die Schulzeit war für mich die schönste Zeit des Lebens.

das Leben

446

학창 시절

학창 시절은 내게 삶에서 가장 아름다운 시간이었다.

삶

447

**eine Schule besuchen**

Ich habe die Ursulinenschule in Berlin besucht.

447

학교에 다니다

나는 베를린에 있는 우르줄라 학교를 다녔다.

448

**auf eine Schule gehen**

Ich bin auf das Goethe-Gymnasium in Bonn gegangen.

448

진학하다

나는 본에 있는 괴테 김나지움에 진학했다.

449 ●●●
## auf einer Schule sein
Auf welcher Schule warst du?

449
## 재학하다
너는 어느 학교에 재학했어?

450 ●●●
## der **Mitschüler** die Mitschüler
Meine Mitschüler haben nie ihre Hausaufgaben gemacht.

450
## 학교 친구(남)
내 학교 친구들은 숙제를 전혀 안 했다.

451 ●●●
## die **Mitschülerin**
die Mitschülerinnen

Auf dem Gymnasium hatte ich eine sehr komische Mitschülerin.

451
## 학교 친구(여)
김나지움 다닐 때 나는 아주 이상한 학교 친구가 있었다.

452 ●●●
## die **Klasse** die Klassen
In meiner Klasse in der Mittelschule war ich ein sehr großer Junge.

452
## 학급
중학교 우리 반에서 나는 아주 키가 큰 청소년이었다.

453 ●●●
## die 1. / 2. / 3. etc. Klasse
Als ich in der fünften Klasse war, war ich ein bisschen in meine Englischlehrerin verliebt.

453
## 1 / 2 / 3 / ... 학년
내가 5학년이었을 때 나는 내 영어 선생님께 조금 사랑에 빠졌었다.

| | |
|---|---|
| 454<br>**die Pause** die Pausen<br>Was hast du in der Schule in den Pausen meistens gemacht?<br><br>meistens | 454<br>쉬는 시간<br>너는 학교에서 쉬는 시간에 주로 뭐 했어?<br><br>주로 |
| 455<br>**die Ferien** Pl.<br>In den Ferien habe ich als Kind immer meine Oma in Österreich besucht. | 455<br>휴가, 방학<br>어렸을 때 방학 때면 나는 항상 오스트리아에 있는 내 할머니를 방문했다. |
| 456<br>**die Schulferien** Pl.<br>Die Schüler freuen sich das ganze Schuljahr lang auf die Schulferien.<br><br>das Schuljahr • lang | 456<br>학교 방학<br>그 학생들은 학기 내내 방학을 기대한다.<br><br>(초중고) 학기 • ~기간 동안 |
| 457<br>**die Schule** die Schulen<br>Nach der Schule bin ich immer direkt nach Hause gegangen. | 457<br>학교<br>방과 후에 나는 항상 바로 집으로 갔다. |
| 458<br>**die Note** die Noten<br>Ich hatte in Sport immer schlechte Noten. | 458<br>점수<br>나는 체육에서 항상 나쁜 점수를 받았다. |

459

### der **Test** die Tests
Wir schreiben morgen einen Vokabeltest in Englisch.

459

### 시험
우리는 내일 영어 수업에서 어휘 시험을 본다.

460

### die **Klassenarbeit**
die Klassenarbeiten

Im Gymnasium haben wir pro Schuljahr drei Klassenarbeiten geschrieben.

pro

460

### 학교 필기 시험

김나지움에서 우리는 학기당 필기시험을 세 번 봤다.

~당

461

### der **Fehler** die Fehler
Ich habe im Vokabeltest auf jeden Fall einen Fehler gemacht.

auf jeden Fall

461

### 오답
나는 어휘 시험에서 항상 하나씩 오답을 적었다.

언제나, 어떤 일이 있어도

462

### das **Zeugnis** die Zeugnisse
Meine Schwester hatte auf dem Zeugnis immer nur gute Noten.

462

### 성적표
내 여자 형제는 성적표에 항상 좋은 점수만 받았다.

463

### das **Abitur**
2020 habe ich das Abitur gemacht und danach habe ich mein Medizinstudium begonnen.

beginnen

463

### (대입) 졸업 시험, 아비투어
2020년에 나는 아비투어를 봤고 그 뒤에 의학 전공을 시작했다.

시작하다

### 464
**der Abiturient** die Abiturienten

Viele Abiturienten können sich nicht entscheiden, welches Fach sie gerne studieren möchten.

sich entscheiden • das Fach

### 464
아비투어 수험생(남)

많은 아비투어 수험생들은 자신이 어떤 전공을 공부하고 싶은지 결정할 수 없다.

결정하다 • 전공과목

### 465
**die Abiturientin**
die Abiturientinnen

Die Abiturientin kann sich endlich für das Studium anmelden.

sich anmelden für Akk

### 465
아비투어 수험생(여)

그 아비투어 수험생은 드디어 그 전공에 등록할 수 있다.

~에 등록하다

### 466
**die Ausbildung** die Ausbildungen

Eine gute Ausbildung ist für jeden Beruf wichtig.

### 466
직업 교육, 아우스빌둥

좋은 아우스빌둥은 각 직업에서 있어 중요하다.

### 467
**abschreiben**

Darf ich deine Hausaufgaben abschreiben?

### 467
베끼다

나 네 숙제 베껴도 돼?

### 468
**ausfallen**

Der Unterricht fällt heute aus.

### 468
휴강하다

그 수업은 오늘 휴강한다.

469

**leisten**

Schüler müssen immer mehr leisten.

469

**성취하다, 수행하다**

학생들은 점점 더 많은 것(숙제, 공부 등)을 해내야 한다.

470

die **Leistung** die Leistungen

Die Leistung der Schüler war ausreichend.

ausreichend

470

**성적**

그 학생의 성적은 충분했다.

(성적이) 충분한

471

**ausgezeichnet**

Diese Leistung war ausgezeichnet.

471

**우수한**

이 성적은 우수했다.

| Studium | 학업 |
| --- | --- |

472

das **Studium**

Ich habe meine Freundin im Studium kennengelernt.

472

**학업, 대학공부, 전공**

나는 내 여자 친구를 대학공부 때 알게 되었다.

473

**ein Studium beginnen**

Ich habe mein Studium im Wintersemester 2015/16 begonnen.

473

**개강하다, 학업을 시작하다**

나는 내 학업을 2015/16 겨울 학기에 시작했다.

474 ●●●

### ein Studium abschließen
Ich werde mein Studium voraussichtlich im April 2024 abschließen.

voraussichtlich

---

474

### 종강하다, 학업을 마치다
나는 내 학업을 추정컨대 2024년 4월에 마칠 것이다.

추정컨대

---

475 ●●●

### beenden
Ich habe mein Studium vorzeitig beendet.

vorzeitig

---

475

### 끝내다
나는 내 학업을 미리 끝냈다.

미리

---

476 ●●●

### einen Bachelor machen
Ich mache zurzeit meinen Bachelor in Mathematik.

zurzeit

---

476

### 학사 과정에 다니다
나는 현재 수학 학사를 전공한다.

현재

---

477 ●●●

### einen Master machen
Ich gehe nächstes Jahr nach Deutschland, weil ich dort meinen Master machen möchte.

---

477

### 석사 과정에 다니다
나는 독일에서 석사 과정에 다니고 싶어서 내년에 독일에 간다.

---

478 ●●●

### einen Doktor machen
Ich mache im Moment meinen Doktor in Geschichte.

---

478

### 박사 과정에 다니다
나는 지금 역사학 박사 과정 중이다.

479 ● ● ●

**der Abschluss** die Abschlüsse

Nach meinem Abschluss möchte ich mich für meinen Traumjob bewerben.

sich bewerben für Akk.

479

졸업

졸업 후 나는 내가 꿈에 그리던 직업에 지원하고 싶다.

~에 지원하다

---

480 ● ● ●

**studieren**

Ich studiere Maschinenbau im vierten Semester.

480

전공하다

나는 기계 공학 4번째 학기에 재학 중이다.

---

481 ● ● ●

**das Auslandssemester**

die Auslandssemester

Nächstes Jahr möchte ich ein Auslandssemester in Prag machen.

481

교환 학기

내년에 나는 프라하에서 교환 학기를 하고 싶다.

---

482 ● ● ●

**die Semesterferien** Pl.

Was machst du in den Semesterferien?

482

방학

너 방학에 뭐 해?

---

483 ● ● ●

**die vorlesungsfreie Zeit**

In den Semesterferien kann es Prüfungen geben, daher heißt diese Zeit auch vorlesungsfreie Zeit.

483

강의가 없는 기간 (대학교 방학)

방학에 시험이 있을 수도 있어서 이 기간은 강의가 없는 기간이라고도 부른다.

484 ●●●

die **Klausur** die Klausuren

Ich schreibe dieses Semester acht Klausuren.

484

대학 필기시험

나 이번 학기에 필기시험 여덟 개를 봐.

---

485 ●●●

die **Prüfung** die Prüfungen

Für meinen Abschluss musste ich drei schriftliche Prüfungen machen.

schriftlich

485

시험

졸업하려면 나는 필기시험 세 개를 봐야 했다.

글자의, 문서의

---

486 ●●●

**eine Prüfung bestehen**

Drei Prüfungen habe ich bestanden, aber eine Prüfung habe ich nicht bestanden.

486

시험에 붙다

나 시험 세 개는 붙었는데, 하나는 못 붙었어.

---

487 ●●●

**durch eine Prüfung fallen**

ugs.

Ich bin durch die Prüfung gefallen.

487

시험에 떨어지다 (일상 용어)

나 그 시험 떨어졌어.

---

488 ●●●

die **Mensa** die Mensen

Als Student habe ich mittags immer in der Mensa gegessen.

488

학생 식당

대학생 때 나는 점심에 항상 학생 식당에서 식사했다.

489 ●●●

**die Vorlesung** die Vorlesungen

In der Vorlesung sitzen bestimmt 200 Studenten.

---

489

강의 수업

이 강의 수업에는 분명 200명의 대학생들이 앉아 있을 거다.

---

490 ●●●

**das Seminar** die Seminare

Wie viele Studenten nehmen an diesem Seminar teil?

teilnehmen an Dat.

---

490

세미나

이 세미나에 대학생들이 얼마나 참가해?

~에 참가하다

---

491 ●●●

**die Veranstaltung**

die Veranstaltungen

Ich habe in diesem Semester nur drei Veranstaltungen: eine Vorlesung und zwei Seminare.

---

491

대학 수업

나 이번 학기에 수업 세 개뿐이야. 강의 수업 하나랑 세미나 두 개.

---

492 ●●●

**der Professor** die Professoren

Der Professor gibt immer gute Noten.

---

492

교수(남)

그 교수는 항상 점수를 잘 줘.

---

493 ●●●

**die Professorin** die Professorinnen

Die Professorin ist beim Reden fast eingeschlafen.

reden • einschlafen

---

493

교수(여)

그 교수는 강의할 때 (본인도) 거의 잠들었다. (강의가 매우 지루하다)

말하다 • 잠들다

Studium   학업   119

| | |
|---|---|
| 494 ●●● **der Dozent** die Dozenten<br>Ich habe gehört, dass der Dozent sehr gut ist. | 494<br>대학 강사(남)<br>나 그 강사가 아주 좋다고 들었어. |
| 495 ●●● **die Dozentin** die Dozentinnen<br>Die Dozentin kommt von einer berühmten Uni in den USA. | 495<br>대학 강사(여)<br>그 강사는 미국에 있는 유명한 대학교 출신이야. |
| 496 ●●● **der Kommilitone**<br>die Kommilitonen<br>Viele Kommilitonen möchten das Studium wechseln.<br>wechseln | 496<br>대학 학우(남)<br><br>많은 학우들이 전공을 바꾸고 싶어 한다.<br>바꾸다 |
| 497 ●●● **die Kommilitonin**<br>die Kommilitoninnen<br>Ich treffe mich am Samstag mit einer Kommilitonin von mir.<br>sich treffen mit jmdm. | 497<br>대학 학우(여)<br><br>나는 토요일에 한 학우를 만난다.<br>~을 만나다 |
| **Arbeit** | **노동** |
| 498 ●●● **der Job** die Jobs<br>Mein Job ist oft stressig, aber er gefällt mir trotzdem.<br>stressig • trotzdem | 498<br>직업<br>내 직업은 자주 스트레스를 주지만, 그럼에도 마음에 든다.<br>스트레스를 주는 • 그럼에도 |

499

der **Studentenjob**
die Studentenjobs
Ich hatte einen Studentenjob in der Universitätsbibliothek.

499

학내 알바

나는 대학 도서관에서 학내 알바를 했다.

500

der **Nebenjob** die Nebenjobs
Ich bin Künstler und als Nebenjob arbeite ich in einem Café.

500

부업, 알바

나는 예술가이고 부업으로 카페에서 일한다.

501

**sich bewerben** (auf/um Akk.)
Ich habe mich um einen Job bei Google beworben.

501

(~에) 지원하다

나는 구글에 입사 지원했다.

502

die **Bewerbung** die Bewerbungen
Ich habe nach dem Studium ganz viele Bewerbungen geschrieben, aber ich habe nur eine Antwort bekommen.

502

지원(서)

나는 학업을 마치고 지원서를 아주 많이 썼지만 답장은 하나만 받았다.

503

der **Lebenslauf** die Lebensläufe
Für die Bewerbung musst du ein Bewerbungsschreiben und einen Lebenslauf abgeben.

503

이력서

지원하기 위해 너는 지원서와 이력서를 내야 해.

**504**

das **Passbild** die Passbilder

Viele Firmen möchten auch ein Passbild der Bewerber haben.

der Bewerber

**504**

여권 사진

많은 회사들은 지원자의 여권 사진을 원하기도 한다.

지원자

---

**505**

der **Ausweis** die Ausweise

Bei einem Vorstellungsgespräch musst du auch deinen Ausweis mitbringen.

**505**

증명서, 신분증

면접에서 너는 신분증도 챙겨 가야 한다.

---

**506**

das **Vorstellungsgespräch**
die Vorstellungsgespräche

Ich wurde von der Firma zu einem Vorstellungsgespräch eingeladen.

**506**

면접

나는 그 회사에서 면접에 초대받았다.

---

**507**

**einen Job bekommen**

Ich habe den Job bekommen.

**507**

취직하다

나 취직했어.

---

**508**

**kündigen**

Mein Job geht mir nur noch auf die Nerven, deshalb kündige ich morgen.

**508**

사직하다, 해약하다

내 직업이 신경에 거슬리기만 해서 나 내일 사직할 거야.

509

**feuern** ugs.
Mein Chef hat mich heute gefeuert.

509

**자르다 (일상 용어)**
사장이 나를 오늘 잘랐다.

510

der **Kollege** die Kollegen
Mein Vater isst mittags immer mit seinen Kollegen in der Kantine.

die Kantine

510

**동료(남)**
내 아버지는 점심에 항상 구내식당에서 동료들과 식사하신다.

구내식당

511

die **Kollegin** die Kolleginnen
Die neue Kollegin hat sich sehr schnell eingearbeitet.

sich einarbeiten

511

**동료(여)**
그 새로운 동료는 (일을) 아주 빨리 숙달했다.

숙달하다

512

der **Vorgesetzte** die Vorgesetzten
Mein Vorgesetzter ist heute schon wieder schlecht gelaunt.

512

**상사(남)**
내 상사는 오늘 벌써 또 기분이 안 좋다.

513

die **Vorgesetzte** die Vorgesetzten
Unsere Vorgesetzte, Frau Bauer, hat ihr eigenes Büro.

513

**상사(여)**
우리 상사인 바우어 씨는 개인 사무실이 있다.

514 ● ● ●

### der **Chef** die Chefs

Ich finde, mein Chef ist nicht besonders kompetent und ein bisschen unfair.

kompetent

514

### 사장, 주인(남)

내 생각에 내 사장은 딱히 유능하지 않고 좀 불공평해.

전문 지식이 있는

---

515 ● ● ●

### die **Chefin** die Chefinnen

Ich verstehe mich super mit meiner Chefin.

515

### 사장, 주인(여)

나는 내 사장과 아주 친해.

---

516 ● ● ●

### der **Geschäftsführer**

die Geschäftsführer

Der Geschäftsführer sitzt oft bis spät in die Nacht im Büro.

516

### 대표 이사, 사장(남)

그 대표는 자주 밤늦게까지 사무실에 앉아 있다.

---

517 ● ● ●

### die **Geschäftsführerin**

die Geschäftsführerinnen

Die Geschäftsführerin dieser Firma ist noch relativ jung.

517

### 대표 이사, 사장(여)

이 회사의 대표는 아직 꽤 젊다.

---

518 ● ● ●

### die **Firma** die Firmen

Diese Firma ist sehr renommiert, daher wollen viele dort arbeiten.

renommiert

518

### 회사

이 회사는 매우 평판이 좋아서 많은 사람들이 거기서 일하고 싶어 한다.

평판이 좋은

519 ●●●

**eine Firma gründen**
Ich würde nach dem Studium am liebsten meine eigene Firma gründen.

519

**회사를 설립하다**
나는 학업을 마치고 내 회사를 설립하는 걸 가장 하고 싶어.

520 ●●●

**bei einer Firma arbeiten**
Meine Freundin arbeitet bei einer kleinen Design-Firma.

520

**회사에서 일하다**
내 여자 친구는 작은 디자인 회사에서 일해.

521 ●●●

der **Feierabend** die Feierabende
Ich mache normalerweise um 6 Uhr Feierabend.

521

**퇴근 뒤 자유 시간**
나는 보통 6시에 퇴근해.

522 ●●●

**Feierabend machen**
Ich mache jetzt Feierabend.

522

**퇴근하다**
나 이제 퇴근해.

523 ●●●

die **Fabrik** die Fabriken
Am Stadtrand gibt es viele Fabriken.
der Stadtrand

523

**공장**
교외에는 공장이 많다.
교외

Arbeit 노동 125

524 ● ● ●

**der Arbeiter** die Arbeiter

In den Fabriken arbeiten viele Arbeiter.

524

노동자(남)

이 공장들에는 많은 노동자들이 일한다.

---

525 ● ● ●

**die Arbeiterin** die Arbeiterinnen

Die Arbeiterinnen übernehmen oft die Feinarbeit.

übernehmen

525

노동자(여)

이 여성 노동자들은 정밀 작업을 자주 맡는다.

맡다

---

526 ● ● ●

**der Angestellte** die Angestellten

Angestellte arbeiten in Büros.

526

회사원(남)

회사원들은 사무실에서 일한다.

---

527 ● ● ●

**die Angestellte** die Angestellten

Die Angestellte wurde nach Korea versetzt.

versetzen

527

회사원(여)

그 회사원은 한국으로 전근되었다.

전보하다

---

| Erinnerungen | 추억 |
| --- | --- |

528 ● ● ●

**das Erlebnis** die Erlebnisse

Wir hatten im Urlaub viele tolle Erlebnisse.

528

경험

우리는 휴가 때 많은 멋진 경험을 했다.

### 529

**der Moment** die Momente

Ich kann mich noch genau an den Moment erinnern, als ich zum ersten Mal durch diese Tür gegangen bin.

### 529

순간

나는 내가 처음으로 이 문을 통과해 갔던 순간을 여전히 똑똑히 기억할 수 있다.

### 530

**die Erinnerung** die Erinnerungen

Ich habe nur sehr wenige Erinnerungen von meiner Kindheit.

### 530

기억

나는 내 어린 시절 기억이 아주 적다.

### 531

**zurückdenken an Akk.**

Ich denke gerne an meine Zeit in Deutschland zurück.

### 531

~을 회상하다

나는 내가 독일에서 보낸 시간을 즐겨 회상한다.

### 532

**sich erinnern an Akk.**

Erinnerst du dich noch an unseren Nachbarn mit dem Hund?

### 532

~을 기억하다

너 개가 있던(개를 키우던) 우리 이웃들 아직 기억해?

### 533

**erleben**

Ich habe in meinem Auslandssemester sehr viel erlebt.

### 533

겪다

나는 교환 학기 때 아주 많은 것을 경험했다.

534

die **Erfahrung** die Erfahrungen
Mein Leben als Austauschstudent in Deutschland war eine sehr wertvolle Erfahrung.

534

경험
내 독일 교환 학생의 삶은 아주 값진 경험이었다.

535

**damals**
Damals gab es noch keine Handys.

535

당시에
당시에는 아직 휴대전화가 없었어.

536

**als ich ein Kind war**
Als ich ein Kind war, bin ich immer zu meinen Großeltern in die Schweiz gefahren.

536

내가 아이였을 때
내가 아이였을 때 나는 항상 내 조부모님이 계신 스위스에 갔다.

537

**erzählen**
Wenn meine Großmutter aus ihrer Kindheit erzählt, ist es nie langweilig.

537

이야기하다
내 할머니가 자신의 어린 시절을 이야기할 때는 전혀 지루하지 않다.

538

**zuhören**
Ich liebe es, den Geschichten meines Großvaters zuzuhören.

538

귀 기울여 듣다
나는 내 할아버지 이야기를 귀 기울여 듣는 것을 사랑한다.

# Memo

## 연습문제

### Lebensabschnitte 생애 주기

**1** Lies den Text und ergänze die richtigen Wörter. Konjugiere die Verben, wenn es nötig ist.

> Abitur - abschließen - Zeugnis - Bachelor - Noten - Klassenarbeiten

Als ich in der Grundschule war, hatte ich immer gute ⓐ_____. Dann bin ich aufs Gymnasium gekommen und da war ich ein bisschen faul. Ich habe eigentlich nie vor den ⓑ_____ gelernt. Und deshalb hatte ich immer schlechte Noten auf dem ⓒ_____. Aber später habe ich mir überlegt, dass ich gerne Psychologie studieren möchte. Und ich wusste, dass ich dafür das ⓓ_____ machen muss. Also habe ich angefangen, regelmäßig meine Hausaufgaben zu machen und zu lernen. Und nach der Schule habe ich an der Uni Köln meinen ⓔ_____ in Psychologie gemacht. Jetzt mache ich gerade meinen Master und werde mein Studium wahrscheinlich im nächsten Jahr ⓕ_____.

**2** Hör dir den Dialog an und beantworte die Fragen.

Ü-6-2

ⓐ Die beiden möchten
  ① lernen.
  ② schlafen.
  ③ essen.

ⓑ Muss die Frau öfter als der Mann an der Uni sein?

  ☐ ja     ☐ nein

ⓒ Die Frau hat bald
  ① Semesterferien.
  ② ihren Abschluss.
  ③ ein Vorstellungsgespräch.

**3** Hör dir die Audio-Aufnahmen 1-4 an. In jeder Aufnahme wird ein Wort nicht gesagt. Entscheide, welches Wort in welche Aufnahme passt. Ergänze hinter dem Wort die passenden Nummern (1-4).

ⓐ gekündigt  _____

ⓑ beworben  _____

ⓒ gegründet  _____

ⓓ bekommen  _____

# Kommunikation
## 소통

| Kommunikation | 소통 |
|---|---|
| 539<br>**die E-Mail** die E-Mails<br>Ich muss meiner Professorin eine E-Mail mit meinem Aufsatz schicken. | 539<br>이메일<br>나 교수에게 내 논문을 첨부한 이메일을 보내야 해. |
| 540<br>**die E-Mail-Adresse**<br>die E-Mail-Adressen<br>Kennst du zufällig Pauls E-Mail-Adresse? | 540<br>이메일 주소<br>너 혹시 Paul 이메일 주소 알아? |
| 541<br>**der Betreff** die Betreffe<br>Was soll ich denn hier beim Betreff schreiben? | 541<br>제목<br>나 여기 제목에다 대체 뭘 적어야 할까? |
| 542<br>**antworten** (auf Akk.)<br>Die Professorin hat mir noch nicht auf meine Mail geantwortet. | 542<br>(~에) 답하다<br>그 교수가 내 메일에 아직 답을 안 했어. |

543

**beantworten**
Ich muss noch zehn Mails beantworten.

543

**회신하다**
나 아직 메일 열 개를 회신해야 해.

544

das **Telefonat** die Telefonate
Ich habe morgen um 10 Uhr ein Telefonat mit dem neuen Kunden.

544

**통화**
나 내일 10시에 새 고객과 통화가 있어.

545

**jmdn. erreichen**
Da ich Sie telefonisch nicht erreiche, schreibe ich Ihnen eine E-Mail.

545

**~에게 연락이 닿다**
귀하와 전화로 연락이 닿지 않아 이메일을 작성합니다.

546

**ans Telefon gehen**
Ich rufe Tim schon die ganze Zeit an, aber er geht einfach nicht ans Telefon.

546

**전화를 받다**
나 이미 줄곧 계속 Tim에게 전화를 걸어보고 있는데 걔는 그냥 전화를 받질 않네.

547

**auflegen**
Als ich ihn endlich erreicht habe, hat er einfach aufgelegt.

547

**(전화를) 끊다**
드디어 걔에게 연락이 닿았을 때 걔는 그냥 전화를 끊어 버렸어.

Kommunikation 소통 133

548

## besetzt
Bei meiner Krankenkasse ist immer besetzt!

548

## 통화 중인
내 의료 보험사는 항상 통화 중이야!

549

## verbinden (mit jmdm.)
Einen Moment, ich verbinde Sie mit Frau Peters.

549

## (~와) 연결하다
잠시만요, Peters 씨와 연결해 드리겠습니다.

550

## klingeln
Laura, dein Telefon klingelt!

550

## (전화가) 울리다
Laura, 네 전화기 울린다!

551

## die Telefonnummer
die Telefonnummern

Könntest du mir bitte noch deine Telefonnummer sagen?

551

## 전화번호

네 전화번호도 좀 말해 줄 수 있을까?

552

## begrüßen
Wir müssen zuerst die Gäste begrüßen.

552

## 인사하다
우리는 우선 손님께 인사해야 해.

553

**schicken**

Kannst du mir bitte die Fotos von der Party schicken?

553

**보내다**

너 나한테 파티 사진 좀 보내 줄 수 있어?

554

**mit jmdm. schreiben**

Mit wem schreibst du denn die ganze Zeit?

554

**~와 편지하다**

너 대체 누구랑 계속 편지하고 있는 거야?

555

**jmdm. schreiben**

Ich schreibe mal eben Paul.

555

**~에게 편지를 쓰다**

나 Paul한테 그냥 좀 편지를 쓰는 중이야.

556

**jmdm. eine Nachricht schicken**

Ich habe dem Typen vorgestern eine Nachricht geschickt.

556

**~에게 소식을 전하다, 메시지를 보내다**

나 그제 그 녀석한테 메시지를 보냈어.

557

**ein Paket verschicken**

Ich gehe zur Post, weil ich ein Paket verschicken muss.

557

**소포를 부치다**

나 소포를 부쳐야 해서 우체국에 가.

558

## einen Brief verschicken
Ich gehe mal zum Briefkasten, weil ich einen Brief verschicken möchte.

558

## 편지를 부치다
나 편지를 한 통 부치고 싶어서 우체통에 좀 갈 거야.

559

## die **Adresse** die Adressen
Könnten Sie mir bitte noch Ihre Adresse nennen?

559

## 주소
당신의 주소도 좀 불러주실 수 있을까요?

560

## buchstabieren
Könnten Sie mir bitte den Namen Ihrer Straße buchstabieren?

560

## 철자를 읊다
당신의 도로명 철자를 불러 주시겠어요?

561

## die **Hausnummer**
die Hausnummern

In meinem Dorf haben sich letztes Jahr alle Hausnummern geändert.

561

## (주소) 집 번호

우리 마을은 작년에 모든 집 번호가 바뀌었다.

562

## die **Postleitzahl**
die Postleitzahlen

Die Postleitzahl ist eine Nummer von der Post für einen Ort.

562

## 우편 번호

우편 번호는 우체국에서 장소에 붙인 번호이다.

563

**der Briefkasten** die Briefkästen
Robin, warst du heute schon am Briefkasten?

563

우편함
Robin, 너 오늘 이미 우편함에 갔다 왔니?

564

**annehmen**
Mein Nachbar hat ein Paket für mich angenommen.

564

수령하다
내 이웃이 날 위해 소포를 하나 수령했다.

565

**einen Termin machen**
Ich muss heute unbedingt einen Termin beim Friseur machen.

565

일정 약속을 잡다
나 오늘 꼭 미용실 예약해야 해.

566

**einen Termin vereinbaren**
Ich würde gerne einen Termin mit Ihnen vereinbaren.

566

일정 약속을 합의하다
저는 당신과 일정 약속을 잡고 싶습니다.

567

**beraten**
Ich möchte mich gerne von Ihnen beraten lassen.

567

조언하다
저는 당신에게 조언을 듣고 싶습니다.

**568** ●●●

**einen Termin verschieben**

Ist es möglich, den Termin zu verschieben?

**568**

**일정 약속을 미루다**

일정 약속을 미루는 게 가능할까요?

**569** ●●●

**einen Termin absagen**

Ich muss meinen Termin heute um 11 Uhr leider absagen.

**569**

**일정 약속을 취소하다**

죄송하지만 오늘 11시 제 일정 약속을 취소해야 합니다.

**570** ●●●

**abmachen**

Wir haben abgemacht, dass wir uns um 12 Uhr treffen.

**570**

**합의하다**

우리는 12시에 만나기로 합의했다.

**571** ●●●

**beruhigen**

Beruhig dich doch mal.

**571**

**진정하다**

진정 좀 하지 그래.

**572** ●●●

**bitten**

Ich bitte dich, bleib ganz entspannt.

**572**

**부탁하다**

너한테 부탁하는데, 완전히 긴장 풀고 있어.

573 ●●●

**duzen**

Du kannst mich gerne auch duzen.

573

**du로 부르다**

물론 나를 du로 불러도 돼.

574 ●●●

**siezen**

Ich weiß nie, ob ich jemanden duzen oder siezen muss.

574

**Sie로 부르다**

내가 누군가를 du로 불러야 할지 Sie로 불러야 할지 전혀 모르겠어.

| Amtliches | 공무 |
|---|---|

575 ●●●

**das Amt** die Ämter

In Deutschland muss man auf dem Amt immer so lange warten.

575

**관공서**

독일에서는 관공서에서 항상 너무 오래 기다려야 한다.

576 ●●●

**die Behörde** die Behörden

Die Behörden arbeiten in Deutschland oft sehr langsam.

576

**관청, 당국**

독일에서 관청은 종종 매우 느리게 일한다.

577 ●●●

**der Beamte** die Beamten

Der Beamte hat mir echt sehr geholfen.

577

**공무원(남)**

그 공무원은 나를 아주 잘 도와줬다.

| | |
|---|---|
| 578 ●●●<br>**die Beamtin** die Beamtinnen<br>Die Beamtin ließ sich von der vielen Arbeit nicht stressen. | 578<br>공무원(여)<br>그 공무원은 많은 일로 스트레스를 받진 않았다. |
| 579 ●●●<br>**beantragen**<br>Ich habe mein Visum schon beantragt. | 579<br>신청하다<br>나 벌써 비자 신청했지. |
| 580 ●●●<br>**der Personalausweis**<br>die Personalausweise<br>Ich muss mir einen Personalausweis machen lassen. | 580<br>신분증<br>나 신분증을 만들어야 해. |
| 581 ●●●<br>**der Pass** die Pässe<br>Denken Sie daran, Ihren Pass mitzunehmen, wenn Sie ins Ausland reisen. | 581<br>여권<br>외국으로 여행할 때 여권 챙기는 걸 염두에 두십시오. |
| 582 ●●●<br>**das Dokument** die Dokumente<br>Ich musste sehr viele Dokumente vorzeigen, als ich mein Visum beantragt habe. | 582<br>문서<br>비자를 신청했을 때 난 아주 많은 문서를 제출해야 했다. |

583

**ausdrucken**

Könntest du vielleicht etwas für mich ausdrucken?

583

**인쇄하다**

혹시 날 위해 뭐 좀 인쇄해 줄 수 있을까?

584

**kopieren**

Ich muss mein Abiturzeugnis kopieren.

584

**복사하다**

나 아비투어 증명서를 복사해야 해.

585

**das Formular** die Formulare

Hast du schon das Formular für dein Visum ausgedruckt?

585

**서식 용지**

너 이미 네 비자용 서식 용지 인쇄했니?

586

**ausfüllen**

Soll ich dir dabei helfen, das Formular auszufüllen?

586

**(서식을) 채우다**

서식 채우는 거 내가 도와줄까?

587

**eintragen**

Hier bei „Geschlecht" musst du „männlich" eintragen, weil du ein Mann bist.

587

**기입하다**

네가 남자라서 여기 'Geschlecht'(성별)에 'männlich'(남성의)를 기입해야 해.

### 588
## ankreuzen
Hier bei „Familienstand" musst du „ledig"
ankreuzen, weil du nicht verheiratet bist.

### 588
## 체크 표시하다
너는 결혼하지 않은 상태이니까 여기
'Familienstand'(혼인관계)에 'ledig'(미혼의)를
체크해야 해.

### 589
## eilig
Ich habe es sehr eilig.

### 589
## 급한
저 이거 엄청 급해요.

### 590
## sich erkundigen
Ich möchte mich nach dem Status meines
Antrags erkundigen.

### 590
## 문의하다
제 신청 상태에 대해 문의드리고 싶습니다.

### 591
## erhalten
Ich habe meinen neuen Pass gestern erhalten.

### 591
## 수령하다
나 어제 내 새 여권을 수령했어.

### 592
## das **Einschreiben** die Einschreiben
Ich habe ein Einschreiben vom Meldeamt
erhalten.

### 592
## 등기 우편
나 주민등록 사무소에서 등기 우편을 하나 받았어.

593

**das Schreiben** die Schreiben
Ich kann das Schreiben vom Gericht nicht verstehen.

593

서류
나 법원에서 보낸 이 서류가 이해가 안 가.

594

**schriftlich**
Einen Pass können Sie nur schriftlich beantragen.

594

서면으로
당신은 여권을 서면으로만 신청할 수 있습니다.

| Geld | 돈 |
| --- | --- |

595

**das Konto** die Kontos
Ich habe ein Konto bei der Sparkasse.

595

계좌
나 슈파카세에 계좌가 하나 있어.

596

**ein Konto eröffnen**
Ich würde auch gerne ein Konto eröffnen.

596

계좌를 개설하다
저는 또한 계좌를 하나 개설하고 싶습니다.

597

**der Geldautomat**
die Geldautomaten
Diese Bank hat Geldautomaten in der ganzen Stadt.

597

현금자동지급기(ATM)
이 은행은 온 도시에 현금자동지급기가 있어.

598

**(Geld) abheben**

Aber ich muss noch eben zum Geldautomaten gehen, um Geld abzuheben.

598

**(돈을) 인출하다**

근데 나 돈을 인출하러 현금자동지급기에 좀 가야 해.

599

**(Geld) einzahlen**

Jetzt muss ich das Bargeld auf mein Konto einzahlen.

599

**(돈을) 입금하다**

이제 나는 이 현금을 내 계좌에 입금해야 해.

600

**(Geld) ausgeben**

Ich glaube, ich habe diesen Monat zu viel Geld ausgegeben.

600

**(돈을) 지불하다**

내 생각에 나 이번 달에 돈을 너무 많이 썼어.

601

**(Geld) verdienen**

Ich würde gerne ganz viel Geld verdienen und in einer großen Villa wohnen.

601

**(돈을) 벌다**

나는 돈을 엄청 많이 벌어서 큰 저택에서 살고 싶어.

602

**(Geld) sparen**

Nächsten Monat fange ich an, Geld zu sparen.

602

**(돈을) 아끼다**

나는 다음 달엔 돈을 아끼기 시작할 거야.

### 603

**(Geld) überweisen**

Soll ich dir das überweisen oder möchtest du das lieber in bar haben?

### 603

**(돈을) 이체하다**

너한테 계좌 이체할까 아니면 현금으로 받고 싶어?

### 604

die **Überweisung**
die Überweisungen

Mona, ist die Überweisung bei dir angekommen?

### 604

**계좌 이체**

Mona, 너한테 계좌 이체한 거 받았어?

### 605

die **EC-Karte** die EC-Karten

Die meisten Deutschen bezahlen in Geschäften mit EC-Karte.

### 605

**체크카드**

독일인 대부분은 가게에서 체크카드로 지불한다.

### 606

die **Kreditkarte** die Kreditkarten

Ich möchte gerne eine Kreditkarte beantragen.

### 606

**신용 카드**

나 신용 카드를 신청하고 싶어.

### 607

**mit Karte zahlen**

Kann ich vielleicht auch mit Karte zahlen?

### 607

**카드로 지불하다**

혹시 카드로 계산해도 될까요?

608 ●●●

**das Bargeld**

In Deutschland muss man immer Bargeld dabei haben.

608

현금

독일에서는 항상 현금을 지니고 있어야 한다.

---

609 ●●●

**bar zahlen**

Ich würde gerne bar zahlen.

609

현금으로 지불하다

저는 현금으로 지불하고 싶어요.

---

610 ●●●

**die Bankleitzahl** die Bankleitzahlen

Die Bankleitzahl ist wie eine Postleitzahl für eine Bank.

610

은행 코드 번호

은행 코드 번호는 은행의 우편 번호 같은 것이다.

---

611 ●●●

**der Betrag** die Beträge

Der Betrag darf nicht höher als 500 Euro sein.

611

금액

그 금액이 500유로를 넘으면 안 돼.

---

612 ●●●

**bezahlen**

Ich muss meine Stromrechnung bezahlen.

612

지불하다

나는 전기료를 지불해야 한다.

613

**die Schulden** Pl.
Ich habe noch Schulden bei Jule.

613

빚
나 Jule한테 아직 빚이 있어.

| Arztbesuch | 진찰 |
|---|---|

614

**einen Termin bekommen**
Ich habe keinen Termin beim Hautarzt bekommen.

614

예약 날짜를 받다
나는 피부과 예약을 잡지 못했다.

615

**bestätigen**
Hiermit bestätigen wir Ihren Termin am Freitag um 15 Uhr 30.

615

확인하다
이것으로 귀하의 금요일 15시 30분 예약을 확인해 드립니다.

616

**dringend**
Ich brauche dringend einen Termin.

616

긴급한
저 긴급하게 일정 약속을 잡아야 합니다.

617

**die Sprechstunde**
die Sprechstunden
Ich würde gerne in die Sprechstunde kommen.

617

면회/상담/진료 시간

진료 시간에 오고 싶습니다.

618 ● ● ●

### die **Versichertenkarte**
die Versichertenkarten
Ich bräuchte dann Ihre Versichertenkarte.

618

보험증

그럼 당신의 보험증을 부탁드립니다.

---

619 ● ● ●

### das **Wartezimmer**
die Wartezimmer
Nehmen Sie bitte im Wartezimmer Platz.

619

대기실

대기실에서 앉아 계세요.

---

620 ● ● ●

### das **Behandlungszimmer**
die Behandlungszimmer
Gehen Sie bitte ins Behandlungszimmer 3.

620

진료실

3번 진료실로 가세요.

---

621 ● ● ●

### **frei machen**
Machen Sie bitte den Arm frei, damit ich den Blutdruck messen kann.

621

(옷을) 벗다/걷다

제가 혈압을 잴 수 있게 팔을 걷어 주세요.

---

622 ● ● ●

### **Blut abnehmen**
Wir müssen noch Blut abnehmen.

622

채혈하다

저희는 채혈도 해야 합니다.

**623**

## untersuchen
Ich untersuche Ihren Bauch mal eben.

**623**

## 진찰하다
배도 한번 진찰하겠습니다.

**624**

## verschreiben
Ich verschreibe Ihnen ein Medikament.

**624**

## 처방하다
약 하나를 처방해 드릴게요.

**625**

## eine Tablette einnehmen
Nehmen Sie diese Tabletten immer morgens und abends ein.

**625**

## 약을 복용하다
아침저녁마다 항상 이 약을 드세요.

**626**

## besser werden
Wenn es nicht besser wird, kommen Sie in ein paar Tagen noch mal wieder.

**626**

## 낫다
낫지 않으면 며칠 뒤에 다시 오세요.

**627**

## besonders
Wo tut es denn besonders weh?

**627**

## 특히
어디가 특히 아픈가요?

628

**bluten**

Ich blute am Kopf.

628

**피가 나다**

나 머리에서 피가 나.

629

**sich erkälten**

Ich denke, ich habe mich erkältet.

629

**감기에 걸리다**

나 감기에 걸린 것 같아.

630

die **Besserung** die Besserungen

Ich wünsche Ihnen eine gute Besserung.

630

**호전**

호전되길 바랍니다.

# Memo

# 연습문제

**Kommunikation 소통**

**1 Hör dir den Dialog an und beantworte die Fragen.**

ⓐ Sie hat Florian nicht
   ① angerufen.
   ② verbunden.
   ③ erreicht.

ⓑ Er kann nicht mit Florian telefonieren, weil
   ① Florian mit einer anderen Person telefoniert.
   ② Florian sein Telefon ausgeschaltet hat.
   ③ Florian nicht ans Telefon geht.

ⓒ Florian hat
   ① das letzte Mal am Wochenende mit der Frau geschrieben.
   ② die Nachrichten der Frau nicht gelesen.
   ③ gesagt, dass er die beiden nicht mag.

**2 Hier wird ein Ausdruck immer mit anderen Worten erklärt. Schreibe das richtige Verb. Du hast als Hilfe den ersten Buchstaben.**

ⓐ zum Geldautomaten gehen und Geld von meinem Konto holen

  = Geld a_____

ⓑ ein neues Konto machen

  = ein Konto e_____

ⓒ Geld von meinem Konto zu einem anderen Konto schicken

  = Geld ü_____

ⓓ arbeiten und dafür Geld bekommen

  = Geld v_____

ⓔ etwas kaufen und dafür Geld bezahlen

  = Geld a_____

**3 Hör dir die Audio-Aufnahmen 1-6 an und entscheide, welcher koreanische Ausdruck dazu passt. Schreibe die passenden Nummern 1-6 hinter den Ausdruck.**

Ü-7-3

ⓐ 문서 복사    _____
ⓑ 양식         _____
ⓒ 문서 인쇄    _____
ⓓ 신분증       _____
ⓔ 문서 제출    _____
ⓕ 여권         _____

# Feste & Feiern
# 축제와 잔치

| Feiern | 잔치 |
|---|---|
| 631<br>**die Party** die Partys<br>Wir waren am Wochenende auf einer Party im Studentenwohnheim. | 631<br>파티<br>우리는 주말에 학생 기숙사에서 하는 파티에 갔다. |
| 632<br>**die Feier** die Feiern<br>Die Feier hat bis in die Nacht gedauert und alle Gäste hatten viel Spaß. | 632<br>잔치, 축하 행사<br>잔치는 밤까지 계속됐고, 모든 손님은 재미있어했다. |
| 633<br>**feiern**<br>Wir feiern heute, dass wir die Prüfung bestanden haben. | 633<br>축하연을 열다<br>우리는 오늘 우리가 시험에 합격했음을 축하하며 파티를 엽니다. |
| 634<br>**das Jubiläum** die Jubiläen<br>Die Firma feiert dieses Jahr ihr 20-jähriges Jubiläum. | 634<br>기념일<br>이 회사는 올해 20주년 기념일 파티를 연다. |

635

**die Dekoration** die Dekorationen
In diesem Laden gibt es echt schöne Tischdekoration.

635

장식
이 가게에는 진짜 예쁜 탁자 장식이 있어.

636

**die Deko** die Dekos (ugs.)
Wir brauchen für die Party noch ein bisschen Deko.

636

장식, 데코 (일상 용어)
우리는 파티에 쓸 장식이 좀 더 필요해.

637

**dekorieren**
Sollen wir für die Halloween-Party auch das Badezimmer dekorieren?

637

장식하다
우리 핼러윈 파티에 욕실도 장식해야 할까?

638

**vorbereiten**
Was hältst du davon, wenn wir auch ein paar Spiele für die Party vorbereiten?

638

준비하다
너 우리가 파티에 몇 가지 게임도 준비하는 거 어떻게 생각해?

639

**besorgen**
Wer kann die Getränke besorgen?

639

마련하다
누가 음료를 마련할 수 있지?

### 640
**sich kümmern um Akk.**
Wer kümmert sich um das Essen?

### 640
~을 돌보다/신경 쓰다
누가 음식을 챙기지?

### 641
**übernehmen**
Ich könnte die Einladungen übernehmen.

### 641
책임을 지다
내가 초대하는 걸 맡을 수 있을 거 같아.

### 642
die **Vorbereitung**
die Vorbereitungen
Wir sind schon mit allen Vorbereitungen fertig.

### 642
준비
우리는 벌써 모든 준비를 마쳤다.

### 643
der **Gast** die Gäste
Auf der Party waren viele Gäste, mehr als wir eingeladen hatten.

### 643
손님
파티에는 많은 손님이 있었는데 우리가 초대했던 수보다 더 많았다.

### 644
**stattfinden**
Die Feier findet am 10.04.2022 ab 19 Uhr im Hotel Löwe statt.

### 644
거행하다
축하 행사는 2022년 4월 10일에 19시부터 뢰베 호텔에서 거행된다.

645

**die Einladung** die Einladungen
Hast du auch eine Einladung zu Mias Party bekommen?

645

**초대**
너도 Mia네 파티에 초대받았어?

646

**Bescheid sagen**
Sag mir bitte Bescheid, ob du kommst.

646

**알리다**
너 올 건지 나한테 좀 알려 줘.

647

**Bescheid geben** frml.
Ich muss nur noch schnell meinem Chef Bescheid geben.

647

**통보하다 (격식체)**
나는 상사에게 그저 빨리 통보해야 한다.

648

**zusagen**
Ich habe ganz vergessen, ihr zuzusagen.

648

**승낙하다**
걔한테 승낙한다고 하는 거 완전 잊어버렸어.

649

**absagen**
Hey, ich muss dir leider absagen.

649

**거절하다**
야, 나 미안한데 거절해야겠다.

Feiern 잔치

650 ● ● ●

**vorhaben**

Tut mir leid, ich habe leider schon etwas vor.

650

**계획하다**

미안, 나 아쉽지만 이미 다른 계획이 있어.

---

651 ● ● ●

**veranstalten**

Die Firma veranstaltet auch dieses Jahr wieder eine große Weihnachtsfeier.

651

**개최하다**

이 회사는 올해도 다시 성대한 크리스마스 행사를 개최한다.

---

652 ● ● ●

**(die Nacht) durchmachen**

Wir haben die ganze Nacht durchgemacht.

652

**(밤을) 새다**

우린 밤을 꼴딱 샜어.

---

653 ● ● ●

**sich betrinken**

Ich möchte mich heute so richtig betrinken!

653

**취하게 마시다**

나 오늘 완전 제대로 취하고 싶어!

---

654 ● ● ●

**betrunken sein**

Jonas ist immer irgendwann total betrunken und fängt an zu singen.

654

**취하다**

Jonas는 항상 어느 땐가 완전히 취해서는 노래 부르기를 시작한다.

655

**angetrunken sein**
Oh, ich bin schon ein wenig angetrunken.

655

**취기가 돌다**
오, 나 벌써 좀 취기가 도네.

656

**anstoßen**
Bevor wir trinken, stoßen wir immer an.

656

**건배하다**
우리는 마시기 전에 항상 건배한다.

657

**Prost!**
Manche Menschen sagen „Prost!", wenn sie anstoßen.

657

**건배!**
몇몇 사람들은 건배할 때 "프로스트!"라고 말한다.

658

die **Band** die Bands
Die Band machte gute Stimmung.

658

**밴드**
그 밴드가 (음악으로) 좋은 분위기를 만들어냈다.

659

die **Bar** die Bars
Auf der Feier gab es eine Bar.

659

**바**
축하 행사에는 바가 하나 있었다.

660

**der Club** die Clubs
Nach der Feier sind wir noch in den Club gegangen.

660

클럽
축하 행사 뒤에 우리는 클럽에도 갔다.

| Geburtstag | 생일 |
| --- | --- |

661

**sich³ etwas wünschen**
Was wünschst du dir zum Geburtstag?

661

~을 바라다
너 생일에 바라는 게 뭐야?

662

**gratulieren**
In Deutschland darf man nicht vor dem Geburtstag gratulieren.

662

축하하다
독일에서는 생일 전에 축하를 하면 안 된다.

663

**nachträglich**
Herzlichen Glückwunsch nachträglich!

663

늦었지만
늦었지만 진심으로 축하해!

664

**den 1. / 2. / 3. ... Geburtstag feiern**
Johann feiert nächstes Wochenende seinen achtzehnten Geburtstag.

664

첫 / 두 / 세 ... 번째 생일을 축하하다
Johann은 다음 주말에 열여덟 번째 생일 파티를 연다.

665

**ein / zwei / drei ... Jahre alt werden**
Ich werde dieses Jahr schon 30 Jahre alt.

665

**한 / 두 / 세 ... 살이 되다**
나는 올해 벌써 서른 살이 돼.

666

**Herzlichen Glückwunsch!**
Herzlichen Glückwunsch zum Geburtstag!

666

**진심으로 축하해!**
진심으로 생일 축하해!

| Hochzeit | 결혼식 |
|---|---|

667

die **Hochzeit** die Hochzeiten
Wir waren letzte Woche auf der Hochzeit meiner Cousine.

667

**결혼식**
우리는 지난주에 내 사촌의 결혼식에 갔다.

668

die **Trauung** die Trauungen
Die Trauung hat nicht so lange gedauert.

668

**혼인 서약**
혼인 서약은 그리 오래 걸리지 않았다.

669

die **Hochzeitsfeier**
die Hochzeitsfeiern
Aber die Hochzeitsfeier hat fast den ganzen Tag gedauert.

669

**결혼식 피로연**
하지만 결혼식 피로연은 거의 하루 종일 계속됐다.

**670** ●●●

das **Standesamt**

die Standesämter

In Deutschland haben alle Paare eine Trauung auf dem Standesamt, wenn sie heiraten wollen.

**670**

호적 사무소

독일에서는 결혼을 하고자 할 때 모든 부부는 호적 사무소에서 혼인 서약을 한다.

---

**671** ●●●

die **Braut** die Bräute

Woher kennst du die Braut?

**671**

신부

너 그 신부를 어디서 알게 된 거야?

---

**672** ●●●

der **Bräutigam** die Bräutigame

Der Bräutigam ist ein Arbeitskollege von mir.

**672**

신랑

신랑은 내 직장 동료야.

---

**673** ●●●

das **Brautpaar** die Brautpaare

Das Brautpaar tanzt oft den ersten Tanz auf der Hochzeitsfeier.

**673**

신랑과 신부(예비부부)

신랑과 신부는 종종 결혼식 피로연에서 첫 번째로 춤춘다.

---

**674** ●●●

die **Hochzeitstorte**

die Hochzeitstorten

Es ist Tradition, dass Braut und Bräutigam zusammen die Hochzeitstorte anschneiden.

**674**

결혼 케이크

신랑과 신부가 함께 결혼 케이크를 자르는 것이 전통이다.

675

das **Hochzeitskleid**
die Hochzeitskleider
Ich finde, Hochzeitskleider sind völlig überteuert.

675

혼례복

내 생각에 혼례복은 완전 터무니없이 비싸.

676

der **Trauzeuge** die Trauzeugen
Bei den meisten Trauungen gibt es zwei Trauzeugen.

676

들러리(남)

대부분의 결혼 서약에는 들러리가 둘 있다.

677

die **Trauzeugin** die Trauzeuginnen
Meine Trauzeugin ist zu spät gekommen, deshalb mussten alle warten.

677

들러리(여)

내 들러리가 너무 늦게 와서 다들 기다려야 했다.

678

das **Büfett** die Büfetts
Auf der Hochzeit gab es ein riesengroßes Büfett.

678

뷔페

결혼식에는 엄청난 뷔페가 제공되었다.

679

die **Hochzeitsreise**
die Hochzeitsreisen
Macht ihr nach der Hochzeit auch eine Hochzeitsreise?

679

신혼여행

결혼식 뒤에 너희 신혼여행도 가니?

Hochzeit 결혼식

| Feiertage | 명절 |
|---|---|
| **680** ●●● <br><br> der **Feiertag** die Feiertage <br> Ich muss auch an Feiertagen im Restaurant arbeiten. | 680 <br><br> 명절, 축제일, 휴일 <br> 나는 명절에도 식당에서 일해야 해. |
| **681** ●●● <br><br> die **Tradition** die Traditionen <br> Halloween ist keine deutsche Tradition, sondern eine Tradition aus den USA. | 681 <br><br> 전통 <br> 핼러윈은 독일 전통이 아니라 미국에서 온 전통이다. |
| **682** ●●● <br><br> **Tradition sein** <br> In Südkorea ist es Tradition, an Neujahr Tteokguk zu essen. | 682 <br><br> 전통이다 <br> 한국에서는 새해에 떡국 먹는 것이 전통이다. |
| **683** ●●● <br><br> **traditionell** <br> Die traditionelle, koreanische Kleidung heißt Hanbok. | 683 <br><br> 전통의 <br> 이 전통 한국 의상은 한복이라고 부른다. |
| **684** ●●● <br><br> das **Ostern** die Ostern <br> An Ostern verstecken die Eltern bunte Eier und die Kinder müssen sie suchen. | 684 <br><br> 부활절 <br> 부활절에 부모는 알록달록한 달걀을 숨기고 아이들은 그걸 찾아야 한다. |

685

**das Silvester** die Silvester

An Silvester trinkt man in Deutschland Sekt.

685

섣달그믐

섣달그믐에 독일에서는 샴페인을 마신다.

686

**das Neujahr**

Viele Deutsche essen an Neujahr eine Neujahrsbrezel.

686

새해

많은 독일인이 새해에 노이야스브레첼을 먹는다.

687

**Guten Rutsch** (ins neue Jahr)!

Guten Rutsch ins neue Jahr 2023!

687

연말에 하는 새해 인사

(새해 되기 전) 2023년 새해 복 많이 받으세요!

688

**Frohes neues Jahr!**

Ich wünsche dir ein frohes neues Jahr!

688

새해 복 많이 받으세요!

새해 복 많이 받기를 바라!

689

**das Weihnachten**
die Weihnachten

Weihnachten ist in Deutschland das wichtigste Fest des Jahres.

689

크리스마스

독일에서 크리스마스는 일 년 중 가장 중요한 축제이다.

690 ●●●

**der Karneval**

Der Karneval in Rio ist weltweit bekannt.

690

사육제

리오 카니발은 세계적으로 유명하다.

691 ●●●

**der Heiligabend**

die Heiligabende

Der 24.12. heißt in Deutschland „Heiligabend".

691

크리스마스이브

12월 24일은 독일에서 '하일리히아벤트'라고 부른다.

692 ●●●

**der Advent**

Die Zeit vor Weihnachten heißt „Advent" und dauert genau 4 Wochen.

692

강림절

크리스마스가 되기 전 기간을 '강림절'이라고 하는데 이 기간은 딱 4주간이다.

693 ●●●

**der Adventskalender**

die Adventskalender

In einem Adventskalender gibt es 24 kleine Geschenke.

693

강림절 달력

강림절 달력에는 작은 선물 24개가 있다.

694 ●●●

**der Adventskranz**

die Adventskränze

Der Adventskranz ist ein Kranz aus Tannenzweigen mit vier Kerzen.

694

강림절 화관

강림절 화관은 전나무 가지와 초 네 개로 만들어진 화관이다.

695

**der Weihnachtsmarkt**
die Weihnachtsmärkte

In der Adventszeit gibt es in deutschen Städten überall Weihnachtsmärkte.

695

크리스마스 시장

강림절 기간에는 독일 도시 어디에나 크리스마스 시장이 있다.

---

696

**der Glühwein** die Glühweine

Eine besondere Spezialität auf dem Weihnachtsmarkt ist Glühwein.

696

글뤼바인

크리스마스 시장의 특별한 명물은 글뤼바인이다.

---

697

**der Weihnachtsbaum**
die Weihnachtsbäume

Guck mal, ich habe uns einen Weihnachtsbaum gekauft!

697

크리스마스트리

봐 봐, 나 우리가 쓸 크리스마스트리 샀어!

---

698

**schmücken**

Am 24. Dezember schmücke ich am Vormittag immer den Weihnachtsbaum.

698

치장하다

12월 24일이면 나는 오전에 항상 크리스마스트리를 꾸민다.

---

699

**das Geschenk** die Geschenke

An Heiligabend essen wir erst zusammen zu Abend und danach geben wir einander die Geschenke.

699

선물

크리스마스이브에 우리는 우선 함께 저녁을 먹고 나서 서로 선물을 준다.

700

**der Gutschein** die Gutscheine
Mein Vater hat mir letztes Jahr einen Gutschein geschenkt.

700

할인/이용/교환권
내 아버지는 작년에 내게 상품권을 선물했다.

701

**wichteln**
Wichteln heißt, jeder zieht den Namen einer anderen Person und muss dann für diese Person ein kleines Geschenk kaufen.

701

크리스마스 선물을 나누다
Wichteln이란, 각자가 다른 사람 이름을 뽑은 후 그 사람에게 작은 선물을 줘야 하는 것을 말한다.

702

**Frohe Weihnachten!**
Ich wünsche dir frohe Weihnachten!

702

메리 크리스마스!
메리 크리스마스이길 바라!

# Memo

## Feste & Feiern 축제와 잔치

**1 Lies den Text und beantworte die Fragen.**

> Liebe Schülerinnen und Schüler,
> wir feiern am Samstag, den 25.06.2021, das 10-jährige Jubiläum unserer Ballettschule. Ihr seid alle herzlich eingeladen. Wir treffen uns um 16 Uhr in der Ballettschule und sehen uns zusammen in schöner Atmosphäre die tollsten Tanzvideos der letzten Jahre an. Sagt uns bitte bis zum 20.06. Bescheid, ob ihr an der Feier teilnehmen könnt oder nicht.
> Wir freuen uns auf euch!
>
> Eure Tanzlehrer

ⓐ Wo findet die Feier statt?

ⓑ Wer veranstaltet die Feier?

ⓒ Bis wann sollen die Gäste absagen oder zusagen?

**2 Hör dir den Dialog an und beantworte die Fragen.**

ⓐ Sie kennt die Braut
  ① aus dem Studium.
  ② durch die Arbeit.
  ③ gar nicht.

ⓑ Sie kennt den Bräutigam
  ① aus dem Studium.
  ② durch die Arbeit.
  ③ gar nicht.

ⓒ Warum kann sie sich nicht gut an die Hochzeitstorte erinnern?

① Die Torte war nicht groß.

② Sie wollte lieber anderes Essen essen.

③ Sie hat Alkohol getrunken.

**3 Ergänze die richtigen Wörter. Konjugiere die Verben und dekliniere die Adjektive, wenn es nötig ist.**

> Tradition - Feiertag - schmücken - traditionell - Gutschein - wünschen

ⓐ Ich schenke meiner Mutter dieses Jahr einen _____ fürs Theater zu Weihnachten, weil sie so gerne ins Theater geht.

ⓑ Was _____ du dir zum Geburtstag?

ⓒ In meiner Familie ist es _____, an Heiligabend Glühwein zu trinken. Das machen wir jedes Jahr.

ⓓ Sollen wir zusammen den Baum _____? Ich habe viele Lichterketten und schöne Dekoration.

ⓔ Der 3. Oktober ist in Südkorea ein _____.

ⓕ Auf dem Oktoberfest in München tragen viele Menschen _____ Kleidung.

# 정답

## Zu Hause 집에서

1  ⓐ vor zwei Jahren  ⓑ 2  ⓒ 260  ⓓ 300  ⓔ ②
   ⓕ nein  ⓖ ①

2  ⓐ ④  ⓑ ⑤  ⓒ ①  ⓓ ③  ⓔ ⑥  ⓕ ②

## In der Welt 세상에서

1  ⓐ 인천  ⓑ 광주  ⓒ 춘천

2  ⓐ ④  ⓑ ①  ⓒ ⑤  ⓓ ②  ⓔ ⑥  ⓕ ③

3  ⓐ in Barcelona, Spanien  ⓑ ②

## Menschen 인간

1  ⓑ, ⓔ, ⓕ

2  ⓐ weinen  ⓑ glücklich  ⓒ Angst
   ⓓ gelaunt  ⓔ wütend  ⓕ freue

3  ⓐ ⑤  ⓑ ①  ⓒ ⑥  ⓓ ④  ⓔ ②  ⓕ ③

## Beziehungen 관계

1  ⓐ kennen  ⓑ befreundet  ⓒ Spaß
   ⓓ verstehen  ⓔ streiten  ⓕ versöhnen

2  ⓐ vor zwei Jahren  ⓑ ja  ⓒ ja
   ⓓ bis letzten Monat  ⓔ nein

3  ⓐ Cousin  ⓑ Schwiegermutter  ⓒ Stiefvater
   ⓓ Tante  ⓔ Schwager

## Kleidung & Shopping 의류와 쇼핑

1  ⓐ ⑤   ⓑ ④   ⓒ ⑥   ⓓ ②   ⓔ ③   ⓕ ①

2  ⓐ online      ⓑ Auswahl    ⓒ anprobieren
   ⓓ Größe       ⓔ passt      ⓕ zurückschicken

3  ⓐ eine (schicke) Hose  ⓑ im Büro  ⓒ ②  ⓓ ②

## Lebensabschnitte 생애 주기

1  ⓐ Noten       ⓑ Klassenarbeiten   ⓒ Zeugnis
   ⓓ Abitur      ⓔ Bachelor          ⓕ abschließen

2  ⓐ ③   ⓑ ja   ⓒ ①

3  ⓐ ②   ⓑ ①   ⓒ ④   ⓓ ③

## Kommunikation 소통

1  ⓐ ③   ⓑ ①   ⓒ ②

2  ⓐ abheben     ⓑ eröffnen    ⓒ überweisen
   ⓓ verdienen   ⓔ ausgeben

## Feste & Feiern 축제와 잔치

1  ⓐ in der Ballettschule  ⓑ die Tanzlehrer  ⓓ bis zum 20.06.

2  ⓐ ①   ⓑ ③   ⓒ ③

3  ⓐ Gutschein   ⓑ wünschst    ⓒ Tradition
   ⓓ schmücken   ⓔ Feiertag    ⓕ traditionelle

## 듣기지문

## Zu Hause 집에서

**2**
1) Meine Haare sind zu lang. Ich muss zum Friseur gehen.
2) Ich möchte heute ganz besonders schön aussehen. Heute schminke ich mich.
3) Meine Haare sind noch nass. Ich muss mir die Haare föhnen.
4) Ich muss ganz dringend auf die Toilette gehen.
5) Ich habe einen komischen Geschmack im Mund. Ich will mir die Zähne putzen.
6) Hast du meine Bürste gesehen? Ich will mir die Haare kämmen.

## In der Welt 세상에서

**2**
1) Ich muss noch meinen Koffer packen. Aber was für Kleidung soll ich mitnehmen?
2) Ich wollte eine Unterkunft buchen. Aber in dem Hotel waren gar keine Zimmer mehr frei.
3) Wir müssen auf jeden Fall vor 11 Uhr auschecken. Danach dürfen wir nicht mehr im Hotelzimmer sein.
4) Im Urlaub möchte ich mir auf jeden Fall viele Sehenswürdigkeiten ansehen.
5) Ich möchte in London gerne an einer Stadtführung teilnehmen.
6) Ich möchte im Urlaub in einem schönen Hotel übernachten. Das ist mir wichtig.

**3**

Mann: Hey! Du bist schon zurück? Wie war dein Urlaub?

Frau: Total schön! Ich habe mich richtig gut erholt.

Mann: Was hast du denn alles gemacht?

Frau: Ich habe mich am Strand entspannt und bin im Meer geschwommen.

Mann: War es warm genug?

Frau: Ja, das Wetter war sehr schön.

Mann: Und was hast du noch gemacht?

Frau: Ich bin in der Altstadt spazieren gegangen und habe ich mir auch viele Sehenswürdigkeiten angesehen.

Mann: Wow! Wo genau warst du im Urlaub?

Frau: Ich war in Barcelona. In Spanien.

Mann: Das hört sich super an. Ich glaube, nächstes Jahr mache ich auch dort Urlaub.

Frau: Das ist eine gute Idee.

## 듣기지문

### Menschen 인간

3
1) Mach dir keine Sorgen.
2) Du nervst.
3) Ich freue mich für dich.
4) Ich bin stolz auf dich.
5) Ich bin nervös.
6) Das ist mir peinlich.

### Beziehungen 관계

2
Sven und ich hatten unser erstes Date vor zwei Jahren. Wir haben uns sofort verliebt und eine Beziehung angefangen. Ein Jahr lang waren wir sehr glücklich. Aber dann ist Sven nach Frankreich gezogen und wir mussten eine Fernbeziehung führen. Das war nicht einfach. Vor allem war Sven immer sauer, wenn ich mich mit meinem Freund Karl getroffen habe. Dabei sind Karl und ich nur Freunde! Das ist mir irgendwann so sehr auf die Nerven gegangen, dass ich mich im April schließlich von Sven getrennt habe. Ich habe von einer Bekannten gehört, dass Sven im Mai schon wieder eine neue Freundin hatte. Und inzwischen sind die beiden sogar schon verlobt.

## Kleidung & Shopping 의복과 쇼핑

**1**
1) Ich trage am liebsten sportliche Kleidung.
2) Der Rock passt mir leider nicht mehr.
3) Schlichte Kleider stehen mir am besten.
4) Ich ziehe mir heute Ohrringe an.
5) Die Absätze an den Schuhen sind zu hoch für mich.
6) Ich trage nicht gerne bunte Kleidung.

**3**
Mann: Guck mal, wie findest du den roten Blazer?
Frau: Der ist sehr schön, aber ich brauche keinen neuen Blazer. Ich brauche eine schicke Hose fürs Büro.
Mann: Hm, diese blaue Hose sieht doch ganz gut aus, oder?
Frau: Oh, ja. Die ist schön. Ich probiere sie mal an. Wo sind denn hier die Umkleiden?
Mann: Da vorne rechts, neben den BHs.
--
Mann: Und? Wie ist die Hose?
Frau: Sie ist mir leider zu eng.
Mann: Ach, hast du zugenommen?
Frau: Ja, ein bisschen.

## Lebensabschnitte 생애 주기

**2**
Mann: Hey! Hast du Lust, in die Mensa zu gehen?

Frau: Ja, gute Idee. Ich hatte den ganzen Vormittag lang Vorlesungen. Ich bin total hungrig.

Mann: Du Arme. Ich habe dieses Semester zum Glück nicht so viele Veranstaltungen.

Frau: Du hast es gut. Ich muss dieses Semester sieben Klausuren schreiben.

Mann: O je. Aber es dauert ja nicht mehr lange bis zu den Semesterferien. Hast du schon was vor?

Frau: In den ersten zwei Monaten arbeite ich jeden Tag um ein bisschen Geld zu verdienen. Und danach mache ich auf jeden Fall Urlaub.

Mann: Das hört sich gut an.

**3**
1) Ich habe mich für einen Job bei der Bank beworben.

2) Die Arbeit war sehr anstrengend. Deshalb habe ich gekündigt.

3) Ich war letzte Woche bei einem Vorstellungsgespräch, aber ich habe den Job leider nicht bekommen.

4) Ich wollte mein eigener Chef sein. Deshalb habe ich meine eigene Firma gegründet.

## Kommunikation 소통

**1**
Mann: Hast du Florian in letzter Zeit mal gesehen?
Frau: Nein, schon ganz lange nicht mehr. Ich habe schon ein paar Mal versucht, ihn anzurufen, aber er ist nie ans Telefon gegangen.
Mann: Echt? Moment. Ich rufe ihn auch mal an.
Frau: Und?
Mann: Da ist besetzt.
Frau: Hm. Ich habe ihm am Wochenende auch geschrieben. Guck. Aber er hat nicht geantwortet. Er hat das noch nicht mal gesehen.
Mann: Will er vielleicht nicht mit uns befreundet sein?
Frau: Ja, vielleicht...

**3**
1) der Ausweis
2) der Pass
3) das Formular
4) ein Dokument ausdrucken
5) ein Dokument kopieren
6) ein Dokument vorzeigen

## Feste & Feiern 축제와 잔치

2
- Mann: Du warst doch am Wochenende auf einer Hochzeit, oder? Wie war es denn?
- Frau: Super schön. Die Hochzeitsfeier war in einem kleinen Hotel mit einem großen Garten.
- Mann: Und woher kanntest du das Brautpaar?
- Frau: Die Braut ist eine Kommilitonin von mir. Wir kennen uns schon seit dem ersten Semester. Den Bräutigam habe ich auf der Hochzeit das erste Mal gesehen.
- Mann: Ach so. Gab es auch eine große Hochzeitstorte?
- Frau: Hm, ich glaube, ja.
- Mann: Du glaubst?
- Frau: Na ja, die Bar auf der Hochzeit war so toll! Deshalb habe ich sehr viel getrunken. Und später am Abend war ich ein bisschen betrunken. Ich glaube, da war eine Hochzeitstorte...

# Memo